深圳大学MPA（公共管理硕士）丛书

公共治理之
基层实践案例汇编（一）

主　编◎高　梁

编　委◎邹树彬　郑维东　唐　娟　曾锡环　罗文恩　耿　旭

暨南大学出版社
JINAN UNIVERSITY PRESS
中国·广州

图书在版编目（CIP）数据

公共治理之基层实践案例汇编. 一/高梁主编. —广州：暨南大学
出版社，2018.11
（深圳大学 MPA（公共管理硕士）丛书）
ISBN 978 - 7 - 5668 - 2473 - 8

Ⅰ.①公… Ⅱ.①高… Ⅲ.①公共管理—案例—汇编 Ⅳ.①D035

中国版本图书馆 CIP 数据核字（2018）第 221005 号

公共治理之基层实践案例汇编（一）
GONGGONG ZHILI ZHI JICENG SHIJIAN ANLI HUIBIAN（YI）
主　编：高　梁

出 版 人：徐义雄
责任编辑：刘碧坚　陈俞潼
责任校对：傅　迪
责任印制：汤慧君　周一丹

出版发行：暨南大学出版社（510630）
电　　话：总编室（8620）85221601
　　　　　营销部（8620）85225284　85228291　85228292（邮购）
传　　真：（8620）85221583（办公室）　85223774（营销部）
网　　址：http://www.jnupress.com
排　　版：广州尚文数码科技有限公司
印　　刷：广州市穗彩印务有限公司
开　　本：787mm×1092mm　1/16
印　　张：9
字　　数：210 千
版　　次：2018 年 11 月第 1 版
印　　次：2018 年 11 月第 1 次
定　　价：36.00 元

（暨大版图书如有印装质量问题，请与出版社总编室联系调换）

前 言

　　《公共治理之基层实践案例汇编（一）》是深圳大学 MPA（公共管理专业硕士）专任教师，基于一线教学实践，在基层治理、公共政策制定及特区改革创新等研究领域，通过调研、访谈、案例研究等方法，在掌握了大量一手资料的基础上，结合自己的研究成果，自主开发的教学案例。目的是通过案例教学，引导学生对公共管理中的前沿问题、热点问题及本土重点问题予以关注，并以问题为导向，通过对某一实际问题的理性思考、多元探讨，能够加深对本学科的基本原理及原则的理解，并能够通过所学理论知识，为问题的解决提供可行性路径。

　　本书共收录案例 12 篇，涉猎到基层治理的方方面面，有关于慈善组织及社会企业发展议题的，有探讨在基层治理创新中促进社区融合的，有分析基层网格化管理实践中机制建设及体制改革的，有研究社会治理中社区专员制度、流动党支部建设及居民议事会实践的，也有针对专项治理中新型治理模式探索的。其中《慈善组织如何树立公信力：以广东公益恤孤助学促进会为例》已被全国 MPA 教指委案例库收录。

　　本书所采集的案例，结合了目前 MPA 学生所开设的主要专业课程及核心课程的相关内容，紧扣学生在基层工作实践中所遇到的一些治理难题。案例分析及思考题的设计能够提升学生对现实问题的深度思考及解决问题的多元视角，也在一定程度上弥补了 MPA 案例教学中本土案例不足的缺憾。

　　撰写案例的作者均为承担 MPA 一线教学任务的深圳大学专任教师，以下为撰写案例的教师名录。

　　高　梁：深圳大学管理学院公共管理系　　MPA 中心主任

　　邹树彬：深圳大学管理学院公共管理系　　副教授

　　郑维东：深圳大学管理学院公共管理系　　副教授

　　唐　娟：深圳大学城市治理研究院　　副教授

　　曾锡环：深圳大学管理学院人力资源系　　副教授

　　罗文恩：深圳大学管理学院公共管理系　　博士

　　耿　旭：深圳大学管理学院公共管理系　　博士

编　者

2018 年 9 月

目 录

慈善组织如何树立公信力：
以广东公益恤孤助学促进会为例

罗文恩

（管理学院公共管理系）

【摘　要】本案例以广东公益恤孤助学促进会（简称"恤孤会"）过去十余年组织发展情况为背景，探讨该机构如何从一家默默无闻的小机构发展成一家非常具有公信力和影响力的民间慈善组织。案例对恤孤会近年来的主要数据、开展项目和筹款方式进行分析，并重点分析了恤孤会树立公信力的经验和做法，包括树立"好事做好"的组织理念，通过网站、微信等社会媒体公布详细的财务信息，制定明确、完善的受助者核查与资助流程，把诚信作为工作的核心，做好相关的风险控制以及加强队伍的建设。最后，注重与媒体的合作，做好相关的传播工作。该组织成功树立公信力的重要做法，值得国内其他慈善组织借鉴并运用。

【关键词】慈善组织　公信力　组织理念　规范运作　传播策略

广东公益恤孤助学促进会的故事，要从 2002 年说起。是年 12 月 26 日，一场特殊的聚会在广州远洋宾馆举行。11 位来自政坛、军界、商界、学术界和文化界的成功人士与广州远洋运输有限公司原总经理王颂汤商量着一件重要的事——他们要成立一个民间慈善团体，无偿资助广东农村地区贫困家庭的子女，特别是孤儿，帮助他们完成义务教育阶段的学习和生活。王颂汤是一个对困难群体有着特殊感情的人，在职时就曾陆续资助过不少农村孤贫儿童上学。退休后的王颂汤一如既往地古道热肠。有一次，在和一位老客户聊天，谈到广东虽然经济发展迅速，可仍有不少贫困家庭的孩子面临失学困境时，老朋友的一句话让王颂汤动了心："王总，要不你办一个基金会吧，专门资助失学儿童……"而老朋友的另一句话也让他心情有些沉重，"现在很多基金会我不放心，如果你做，我第一个捐钱"。

退休后的王颂汤面色暗沉下来，忧心忡忡地说道："是啊，这些失学儿童，他们已经失去了昨天，再失去今天的话，他们的未来怎么办……可是，怎么去帮助他们呢？"

几天后，王颂汤从广东省希望工程办公室出来时，脚步沉重，眉头紧蹙。对方的话在他的耳边久久地回响："现在基金会确实遭遇着'信任危机'，如果有一些权威人士进入助学群体，也许会让更多的贫困学子得到帮助。""也许"二字，给了他希望，又带来不确定性，但归根结底，他是想做这件事的，因为他想帮助失学孩子们。

2002年12月26日，广州远洋宾馆内的空气似乎比往常更为沉重。一场争论终于结束，王颂汤长舒一口气，宣布最后的决议。他要与这11位来自政坛、军界、商界、学术界和文化界的成功人士，一道成立一个民间慈善团体，无偿资助广东农村地区贫困家庭的子女，特别是孤儿，帮助他们完成义务教育阶段的学习与生活。经历长达一年半的准备期，12位发起人终于拿到"准生证"。"孩子"在2004年5月15日诞生了，它的名字叫作"广东公益恤孤助学促进会"，它也是南粤首家民间慈善社团。

到2018年，"孩子"快14岁了，成绩不凡。它几乎成了公信力的代名词，成为我国现代公益慈善事业的标杆和旗帜，获得了"中华慈善奖""南粤慈善奖""广东扶贫济困优秀团队""广州市十大慈善组织""年度公益项目"……它是如何帮助失学儿童，让他们的未来多一点希望的呢？它是如何在信任危机的大背景下建立起自己的品牌公信力并逐渐成为现代公益慈善事业的标杆和旗帜的呢？下文将通过介绍恤孤会的发展历程，看其如何通过扶贫济困，一点点地影响着人们对教育、对公益慈善事业的看法，打造出人人信任的公益品牌。

一、背景

最近几年，我国慈善事业领域出现一系列慈善丑闻，在"郭美美事件""卢美美事件"等慈善丑闻的影响下，我国慈善捐赠和社会捐款数量出现明显下降，许多慈善组织因此陷入公信力危机。在这一负面背景下，恤孤会的捐款额却在持续上升，它不仅赢得了广大捐赠者的信任，还获得了国家、省有关部门的肯定。2005年在首届"中华慈善大会"上荣获中国慈善界最高荣誉——"中华慈善奖"，成为当时全国获此殊荣的六个慈善团体之一；在2007年首届"广东省慈善大会"上荣获最高奖项——"南粤慈善奖"，几乎在每一次的慈善颁奖典礼上，恤孤会都是被表彰的对象。而2016年3月16日，我国第一部《中华人民共和国慈善法》（以下简称《慈善法》）终于面世，并于2016年9月1日开始生效。它的突出意义在于结束了我国慈善领域长期以来的法律空白状态，为全社会的慈善行为，不仅是捐赠者、受助者，还包括慈善组织，做出了系统规范，是我国慈善事业走向法治的里程碑。这对慈善组织而言，既是机遇，又是挑战。如果得到了政府和社会的充分信任，那么该组织就能获得法律意义上的合法性，继续生存发展，继续践行它的理念与宗旨；如果没有得到政府或社会的充分信任，那么该组织将失去合法性，失去组织活动的有效条件。归根结底，如何建设公信力，是恤孤会与其他慈善组织面临的巨大挑战。

二、发展概况

(一)基本情况

恤孤会是由王颂汤先生等一批退休及在职的党政军领导干部、大型企业负责人、专家学者共同发起，于 2004 年 5 月 15 日正式成立的民间公益慈善组织。创会伊始就提出"诚信是慈善团体的生命"，因此它不从事任何营利性活动，财务收支完全公开，领导不领取任何报酬，一切运作高度公开透明。它的核心业务主要是，无偿资助广东省内的农村贫困孤儿、处于中小学阶段的贫困学生和重症贫童，目的是为社会上善良的人们构建一个可信任的平台，协助他们实现帮助弱势群体的愿望。让孤贫学生有一个公平的机会去接受基本的教育和维持生活，再通过自己的努力来改变一生的命运，不再重复祖辈的艰难人生，防止贫困代际传承。

从 2004 年到 2007 年，这个"小孩"在"信任危机"的大环境下顽强成长。它用专业赢来了真诚合作：2008 年，恤孤会获得了第一笔企业捐款——详见张建鹏先生创办的大通公司。张先生在参加"访贫助孤韶关行"时，感受到恤孤会工作的规范化、系统化，志愿者的认真、负责，捐款的安全性、合理性，于是开始信任恤孤会，并要求把善事交给恤孤会这样专业的机构来做。2009 年，在仲夏夜慈善音乐会上，达清慈善基金会的创办人温汉清先生看到了恤孤会的展览和介绍，为其透明、节约、身体力行的办事风格所打动，与恤孤会签订了捐助 200 名孤贫学生的协议。2011 年，蔡汝清先生捐款 100 万元，与恤孤会联合举办"千名孤贫儿童省会行"(简称"省会行")活动，取得圆满成功。蔡先生因此很信任恤孤会，于是联合家族企业，与恤孤会合作设立了第一个企业爱心基金——爱童行专项基金。近年来，恤孤会与社会各界进行了多项合作，比如：与羊城晚报报业集团签订了《公益事业全面合作协议》；和广州电视台合作设立了"爱心直达专项基金"和"真情追踪专项基金"；和星海音乐厅长期合作举办一年一度的"仲夏夜慈善音乐会"；与 GE 通用电气(中国)有限公司职业女性协会南中国区分会、高德置地广场等多方机构合作举办慈善乐跑嘉年华活动；与广东茶通协会、戴甘茶叶联手创立 G4 爱心直达基金；与加多宝企业、海印集团、国际汇美服饰合作为病童筹集善款；与太平洋保险公司合作设立"蓝丝带病童救助基金"。截至 2016 年 12 月 31 日，恤孤会与社会各界已签约无偿资助广东省 35 个县(区、市)24 346 名孤儿和贫困学生；累计救助 1 274 名重症贫童；捐款实收12 504.26万元。

与此同时，恤孤会也在不断发展壮大。成立之初只有两名志愿者，而截至 2015 年 12 月 31 日，志愿者队伍发展到有 2 840 名成员。目前恤孤会聘用了 12 位不同专业背景的工作人员担任全职工作，组建了一支高效率的执行团队。另外，恤孤会的理事会成员逐步扩大为各界的精英骨干，有效保证恤孤会站在公共正义的基点上努力为全社会创造一个可信任的平台。作为一家以诚信立会的慈善团体，恤孤会严格按照《慈善法》《慈善组织公开募捐管理办法》以及《广州市募捐条例》等法律法规开展各项业务，向上级领导部门以及全社会进行专项的汇报与结算，并接受年度审计。

（二）资助情况

恤孤会的资助工作包括助学性资助、重症贫童救助和成长关怀活动。

（1）助学性资助。助学性资助是恤孤会的主要资助业务，恤孤会有着一套严谨的资助流程，以确保资助原则"准确、及时、有效、低成本"地落实。对每名学生的资助期为三年，资助的标准是每名学生 3 000 元，每学期 500 元，一共发六个学期。这类资助是地区性的，比如资助连平县，那么就在连平县选取资助对象，而不会将连平县的善款用于其他地区。这样不仅可以节省人力、物力和时间成本，更重要的是，还可以形成规模效应，让这个地区的贫困孩童上学情况得到有效改善，并且可以更大程度地保障、监督资助实施过程，进而从前期的反馈中寻找继续改善资助效果的方法。资助款分期发放也是一种促进可持续发展的长远之计，这样从横向上来看，在单个的资助款基本能够解决受助对象上学困难的基础上，总的资助款在同期内还可以惠及更多贫困孩童，扩大了单期的资助范围；从纵向上来看，多期是一种持续资助，基本可以保障受助对象完成一个阶段的学习。图 1 是恤孤会资助孤贫学生的统计情况，起始时该会资助了 56 名孤贫学生，截至 2015 年，累计资助广东省 35 个县（区、市）的孤贫学生共 21 640 名。越来越多的孤贫儿童在恤孤会的帮助下得以更好地接受教育。

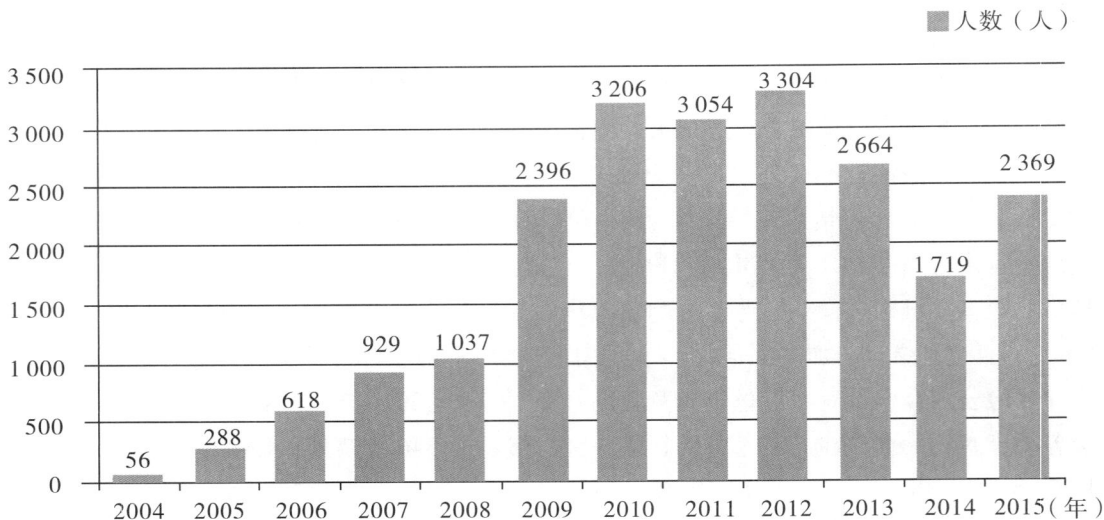

图 1　历年资助孤贫学生统计

（2）重症贫童救助。因病致贫、因贫失救，是很多家庭的悲剧。这些重症贫童在疾病折磨和巨额医疗费用的双重压力下，不仅面临着失学的问题，更面临着家庭崩溃破碎、生存希望毁灭的危机。他们无疑是最需要帮助的群体之一。为此，恤孤会在 2012 年正式启动《重症贫童救助项目》，与新闻媒体、医院、企业携手合作，探索多方合力、救助重症贫童的途径。在重症贫童救助工作中，按照"急需、适度、及时、不介入医疗"的原则，对急需救治和手术的个案优先救助。同时秉承家庭、医保、医院、社会共同救助的原则，每个个案视情况给予 3 万元以内的救助，让有限的捐赠资源得以公平和充分利用，惠及更多重症贫童。并且，恤孤会每周召开例会，对上周媒体报道求助和合约医院推荐申请的个案进行研究，确定是否救助和救助的额度，及时送款到医院，与家属办理手续，保证治疗的需要，真正做到"雪中送炭"。从图 2 可以看出，恤孤会帮助的重症贫童逐年增加，到 2015 年年底，该年度有 323 个重症贫童得到救助。恤孤会在重症贫童医疗救助方面发挥着越来越重要的作用。

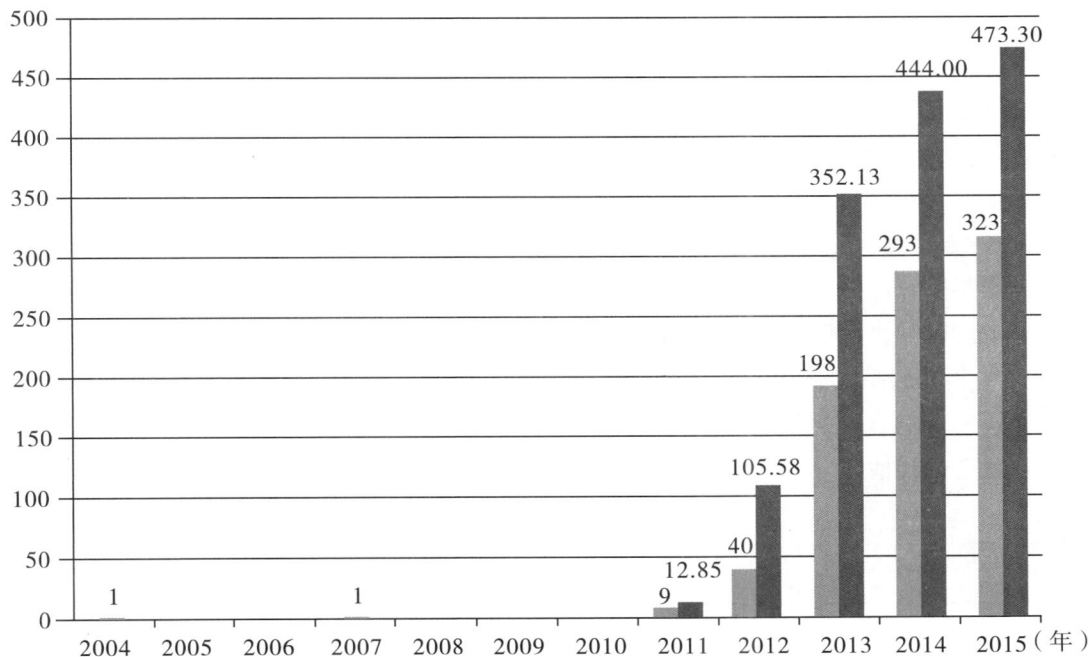

图2　历年救助重症贫童统计

（3）成长关怀活动。恤孤会在对孤贫学生实施经济方面无偿资助的同时，还注重对孤贫学生的心灵关怀，经常举办各类成长关怀活动，让受助的孤贫学生持续得到社会的人文关怀及鼓励，包括支教、冬夏令营、"省会行"、慰问、爱心午餐等其他爱心资助活动。正是通过这样的过程，慈善从一纸钱币变成了一窝篝火，志愿者们从门前过客变成了长久的朋友和家人，受助的孩子不仅获得了学业路上的垫脚石，更获得了打开世界窗口的另一把钥匙。爱童行专项基金项目是最有影响力的项目之一。在 2011 年暑假，恤孤会联手娇兰佳人化妆品公司举办第二届"千名孤贫儿童省会行"项目，带领孤贫儿童来到广州，参观大学城、参观科学中心、看电影、玩游戏等，通过这样的方式让孩子们开阔视野，增长见识，感受社会关怀，勇敢积极地生活；2013 年 10 月，爱帛服饰有限公司携手恤孤会分别到遂溪江洪小学、信宜岗坳小学支教，通过艺术互动教学，唤起孩子们对理想和真善美的追求，让更多爱心人士关注儿童的艺术启蒙教育，引导农村学生实现艺术发展的梦想，同时改善农村学校教学设施；在 2014 年，娇兰佳人爱童行项目累计捐款 300 万元，救助 106 名重症贫童。同时还举办了公益论坛，邀请政府部门、媒体、医院、捐赠企业、NGO、志愿者及民间公益人士等共同参与探讨如何更好地救助重症贫童，还制作了公益短片，通过多种方式让更多的人关心和帮助重症贫童。所有这些成长关怀的经历，带给孩子们的不仅是生活的一抹彩色，更是帮他们打开观察外面世界的一扇窗，让他们看见梦想实现的可能。

（三）社会捐赠情况

社会捐赠是恤孤会开展活动最主要的经费来源，这是因为恤孤会本身不开展任何营利性活动。它举办的主要募捐活动有：为资助贫困学生募捐的"仲夏夜慈善音乐会"，为救助病童募捐的"结善缘义卖义拍慈善会"及平民化、日常化的"爱满罐"项目，同时还开展了与媒体合作举办的专项募捐活动，如连南爱心午餐、乡村学校蜕变计划、爱心直达冬季送温暖等项目。多元化的捐赠主体和捐赠形式使得募捐活动不仅成为恤孤会吸纳社会捐赠资源的平台，更是恤孤会宣传慈善理念、弘扬慈善精神的媒介，将全社会都动员了起来。自 2004 年成立伊始到 2016 年 12 月 31 日，恤孤会获得的社会捐赠不断增加。2004 年社会捐赠额为 102.91 万元，到 2011 年超过 1 000 万元，2015 年更是突破2 000万元，并维持在较高的水平上，12 年间社会捐赠累计达到 12 503.56 万元。图 3 可见历年社会捐赠情况。

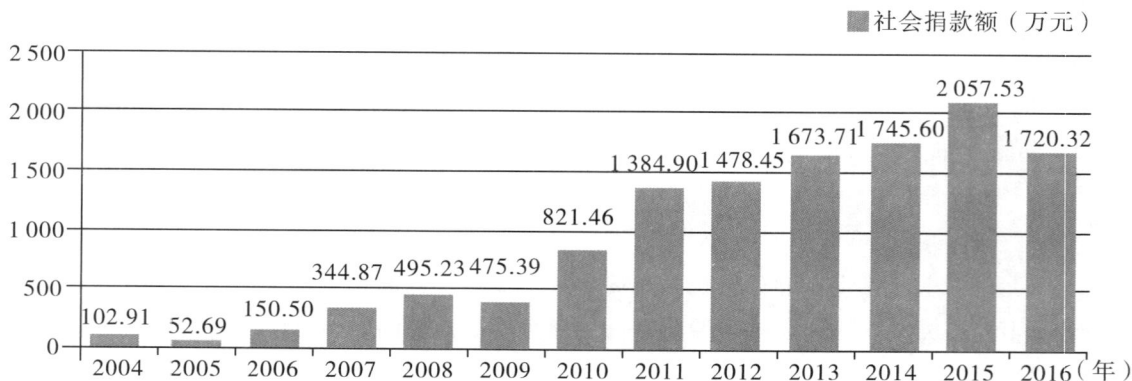

图 3　历年社会捐赠统计

三、恤孤会的品牌公信力建设

（一）确定理念：好事做好

大通公司创始人张建鹏先生最早接触恤孤会时，感慨道："自身的落实并不是专业的慈善团体，难以把善事做好做专坚持下去。"可见，"好事做好"这个理念的落实并非易事，而这个理念，正是恤孤会的指导思想。对于这个理念，要分三部分解读：哪些是好事、做什么好事以及怎么做好事。

（1）哪些是好事？首先，慈善只讲"雪中送炭"，不求"锦上添花"。那么，施助的对象必须是特别困难的人群。其次，慈善行为必须尊重受助人的意愿，只在受助者同意的领域内施助，而不去干涉受助者不希望被干涉的领域。

（2）做什么好事？作为一个慈善团体，它不可能是全能的。因此恤孤会有两个资助原则：一是急需，坚持"民间慈善是对政府社会救济不足的补充"的原则。一切从实际出发，资助应按照当前和今后的最迫切需求确定。二是适度，规避风险，不"包打天下"，只做有能力做好的好事，不做没有把握做好的好事，量力而定，尽力而为。比如，恤孤会成立之初是以帮扶失学儿童为主，因为在2011年以前孤儿并没有被纳入到政府保障体系内。孤儿纳入保障体系后，恤孤会将资助对象扩大为孤贫儿童（包括未纳入保障体系的事实孤儿）。后来为了应对大病医疗保障的不足，2012年开始将重症贫童作为重点救助对象。恤孤会始终关照的是社会保障网络下的、农村的、最困难的，甚至还没有被纳入保障网络中的孤儿和贫困学生，保障他们中小学阶段的学习和生活。

（3）怎么做好事？第一个理念是诚信。恤孤会成立伊始就提出"诚信是慈善团体的生命"。一方面，积极建设诚信机制。恤孤会认为，慈善团体的所有资产都详见社会捐赠，该会只是受委托进行管理，并转交给社会上处于困境中的人们。因此，为了保卫这份慈善事业的纯洁，该会设计了一切以诚信为核心的运行机制，14年来坚持在官网公布每月财务报表和具体到人次的捐赠明细表、资助清单、助学款汇付清单、每月受救助病童统计及其病案医疗诊断书、贫困证明和申请表、救助款签收表等。另一方面，主动邀请社会监督。诚信的建设需要投入成本，但是建设起来的诚信，却能在社会监督之下散发光芒，带来更大的回报，从而使慈善事业薪火相传。恤孤会在2008年，主动申请立信羊城会计事务所对其进行审计。其详尽、清晰、完整、不差分离的数据赢得了立信羊城会计事务所的会计师们的赞赏，并获得他们的捐款。正如恤孤会一贯的承诺："我们完全有责任让您了解您和其他捐赠人所捐善款的实际使用情况，我们诚心邀请您或您派的律师、财会等专业人士，在任何时候，可以在事先不通知的情况下，前来查询、审核和指导，我们将提供全部资料和工作方便。"而正是这样的诚信，成了恤孤会最不花本钱却回报最高的投资。

第二个理念是效益。为了实现效益，一方面，恤孤会强调精准扶贫，比如对由媒体或医院等推荐的资助对象进一步进行家访核查，并进行一段时间的公示。在这些环节都没有问题的情况下，才进行资助的下一步。这样做能真真正正实现捐赠者帮扶指定对象的目的，同时让应得到保障的人群得到应有的保障，这是慈善的直接效益。另一方面，恤孤会强调持续关怀、做深做透。以往的许多慈善行为只是一次性的、多停留在物质层面，受困群众很容易再度返贫，且对慈善的理解不深透。恤孤会有几种做法改善了这种现象。在资助款拨付方面，恤孤会分期拨付。助学方面分 6 个学期，每学期拨付 500 元，若其升学，则在新学期开始时一次性拨付。救助重症贫童方面，资助款则视医疗进度一次或分次拨付。对于特别困难的家庭，会酌情给予一定的生活补贴。在项目跟进方面，恤孤会不仅组织志愿者定期回访，还要求受助者定期反馈其具体情况，同时这些情况都会在官网公布，以方便捐赠者跟进其捐赠项目的进程及效果。不管是分期还是跟进，都是一种持续关怀，以使受助者的生活得到较为稳定有序的改善。除此之外，恤孤会也很重视资助的内容，不仅给予物质帮扶，还强调精神慰藉和引导。比如从 2009 年开始组织的"省会行"、冬夏令营、2012 年开始的艺术支教等，通过这样多元的途径帮助孩子们打开观察外面世界的窗户，同时充实和丰富他们的精神世界，使他们获得更多的信心和希望。而这些，实现着慈善在扶贫济困上根本而长远的效益。

（二）贯彻理念：规范运作

为了贯彻"好事做好"及其所包含的各个理念，恤孤会设计了一整套规范严谨的管理体制和机制。本案例中值得关注的是该会的治理结构、志愿者管理制度、财务管理制度和捐赠管理制度。如图 4 可见组织结构。

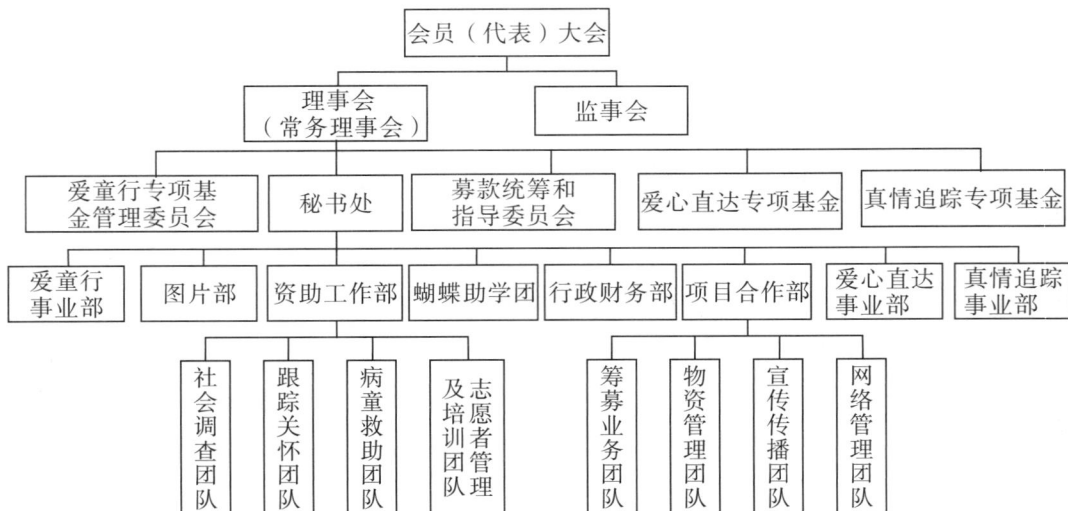

图 4　组织结构图

1. 治理结构

（1）会员（代表）大会。该会的最高权力机构是会员（代表）大会，每届任期五年，它有权制定和修改该会章程；选举和罢免理事、监事；审议理事会的工作报告和财务报告；决定终止事宜和其他重大事项。

（2）理事会。理事会是会员代表大会的执行机构，每届任期五年。它的职责是在闭会期间领导本会开展日常工作，比如：人事任免、内部管理等，并对会员代表大会负责，向会员代表大会报告工作和财务状况。该会的理事由发起人、主要捐赠人、社会知名人士和专家担任。比如：王颂汤作为发起人，是广东省第八届政协委员，国家突出贡献专家，劳动模范，广州远洋运输有限公司原总经理；蔡汝青是广州娇兰佳人化妆品连锁有限公司董事长，娇兰佳人爱童行项目的合作方负责人；梁永斌是节目主持人，歌手和演员；安宁是国信联合律师事务所合伙人、律师，国信爱心基金秘书长……由这样的精英群体组成的理事会，在一定程度上奠定了恤孤会的强大的资源吸纳和整合能力，也增强了它的可信度和社会影响力。尽管从这套领导班子来看，恤孤会很"强大"，但是，该会领导自创会起就建立了"三切割"制度，即要斩断个人与组织之间一切利益联系：创会领导不领工资，放弃按国家法规从资助性捐款中提取管理费，没有"三公"消费这样的制度。以此保证恤孤会的清正廉洁，专心为善。正如王颂汤会长，他自创会以来，全日上班，不拿分文报酬，正是恤孤会领导班子中奉献实干的带头人。

（3）监事会。监事会是恤孤会实现依法治会的重要机构，它对该会的各项业务活动、决议决定、各类报告进行监督和检查，它有权向理事会提出质询、建议，有权对本会领导和管理人员违反法律法规、章程及损害本会利益的行为提出纠正建议，必要时向理事会或者政府相关部门报告。它独立于理事会，监事长和监事由会员代表大会选举产生，任期也是五年一届。监事长和监事是熟悉监督业务和有公信力的社会人士。目前恤孤会的监事长为广州远洋运输有限公司原纪委书记马宗梅；四位监事分别是广东广信君达律师事务所负责人、广东省政协常委王晓华，广东省高级人民法院原处长李国良，广东省注册会计师协会副秘书长李楚雄和羊城晚报社原社委康钟。监事会成员也同理事会一样执行"零报酬"制度，并且在特殊情况中遵循"回避"原则，以保证协会的清廉和公正。

（4）其他部门。其他部门主要在理事会领导下工作，秘书处和募款统筹和指导委员会对该会的一般性事务进行统筹安排，而爱童行专项基金管理委员会、爱心直达专项基金、真情追踪专项基金都专项专款专行，使项目之间相对独立，且有一定的自主权，以保证这些专项实施的效率和效果。

2. 志愿者管理制度

截至 2015 年 12 月 31 日，恤孤会志愿者队伍人数超过 2 480 人（见图 5），成员遍布各行各业。这么庞大、复杂的志愿者队伍，恤孤会怎么管理？

（1）初步审核。有意愿成为恤孤会志愿者的人员首先填写《志愿者申请表》。该表内容主要有三方面：首先，关于职业和个人专长，使具有专长的志愿者在志愿服务中更好地发挥专长，知人善用。没有专长、没有稳定职业的人一样有可能成为志愿者。因为后期该会将提供相关培训。数据显示，这支队伍里既有律师、教师这样的专业人士，也有打工者和农民。其次，关于服务意愿、服务时间、服务目的以及服务经历，尽可能满足志愿者的个人需求，使志愿服务得到妥善安排。数据显示，有的志愿者进行长期的或全天的服务，如许多退休老人；有的志愿者进行不定期的或短时间的服务，大多是青年职工。为了有效组织这些志愿活动，恤孤会的每一次项目，从项目概况到具体岗位的人员需求、职能要求、出行、食宿等各种细节上的安排都会提前在官网或微信、微博平台发布公告，有意愿参与志愿服务的人员可以获得较为完备的信息，进而选择服务项目。并且他们也可以在以上平台上查到往期内容，增加对项目的了解。这不仅是向社会公开资助全过程的一部分，也是志愿者管理的一部分。志愿者作为该会最主要的人力资源，有必要让他们深入了解服务项目。最后，该会重视志愿者对志愿服务的理解。志愿者必须认同恤孤会的理念，愿意遵守恤孤会的章程，并且愿意与恤孤会的其他成员团结合作，达到这样的认同，实现组织化管理，提高项目的效果。

（2）培训与考核。在恤孤会的每一次项目执行之前，报名参加的志愿者都必须接受培训与考核。培训包括自我成长的培训，志愿者专业知识与技能的培训，参加各项活动的专项培训。比如：访贫助学中的志愿者要求学会家访审查，艺术支教的志愿者要求掌握特定的教学理念和教学能力，音乐会、慈善会或一些会务的志愿者要求了解场地布置的方式和程序等。

（3）在参与志愿服务的过程中，一般是"老人"带"新人"，"老人"帮助"新人"尽快熟知与融入志愿服务过程，这既是一种传承，也是一种传播。这种方式较快速地扩大志愿队伍，同时又较好地保证了服务质量。

（4）志愿服务之后，服务团队及时进行分析与总结，并可以在官网上传自己的活动感想，不同的人分享和传播着自己对慈善的理解，让慈善进一步融入生活。

（5）对优秀的志愿者个人和团队，会给予相应表彰。

总的来说，恤孤会在这些年的努力下，初步建成了一支在理念、作风、专业方面达到了一定水平的队伍，他们是各个项目和工作的主要人力资源保证。而志愿者们通过恤孤会这个平台，践行着他们服务社会的理念，丰富着自己的人生。如今61岁的赖穗选说："志愿者服务是他退休后生活的一部分。"而正在上学的罗永锋也说："在这里，我更加理解和明白，善，可以是简单的行为，但也是一件很难做好的事情。"打工仔彭高林说："感觉最好的是能看到孩子们纯真的笑脸。最大的收获是丰富了自己的人生。"其实，这些可爱的志愿者在丰富自己人生的同时，也丰富着别人的人生，并推动着整个中国慈善事业的发展。

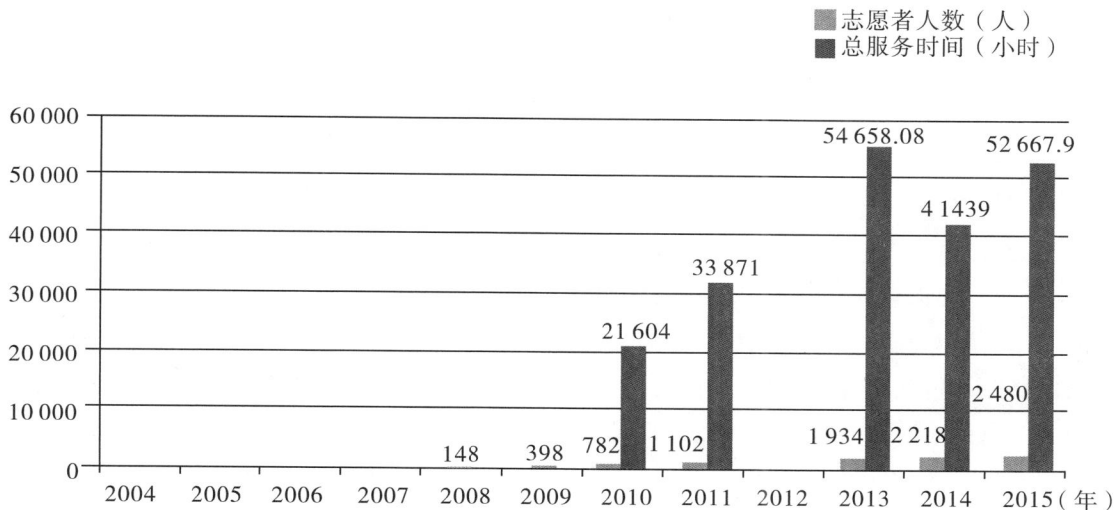

图5　历年志愿服务统计

3. 财务管理制度

前文提到恤孤会在领导班子内实行"三切割"制度，这反映了该会财务管理的核心理念：公正、透明。恤孤会有专职的财务人员，并且邀请了专业的会计事务所（2004—2007 年为广州立信羊城会计事务所，此后为广东正源会计事务所）进行年度审计。在恤孤会的官网上，可以看到该会年度财务报告①、年度审计报告②、年度现金流量表③、年度业务活动表以及项目业务活动表④、年度资产负债表以及项目资产负债表⑤，保证一切活动都在阳光下运行。比如，年度财务报告主要分两部分：第一部分介绍该会的宗旨、组织结构以及人员配备等情况；第二部分介绍该会的业务基本情况，如资金、资产、收入、费用以及其他账款情况。以 2015 年的财务报告为例，该会经核准的业务范围是：开展调查，无偿资助贫困子女就学，兼顾支持其他公益事业。名单中共有 37 名理事、13 名常务理事、在册受薪人员为 12 人。2015 年结余资金 31 294 182.73 元；净资产为 31 420 164.28元，比去年同期增加 4 650 349.91 元；2015 年总收入为 21 256 672.93 元，其中，捐赠收入为 20 575 293.96 元，会费收入为 5 000 元，其他收入（利息）676 378.97元。2015 年总支出为 16 606 323.03 元，其中，业务活动成本为14 881 944.68元，管理费用为1 267 212.64元，筹资费用为 457 165.71 元。资产负债表期初其他应收

---

① 详见 http：//www. oesgd. org. cn/finance5. asp？ classid = 3&boardname = 财务报告.
② 详见 http：//www. oesgd. org. cn/finance4. asp？ classid = 3&boardname = 审计报告.
③ 详见 http：//www. oesgd. org. cn/finance3. asp？ classid = 3&boardname = 现金流量表.
④ 详见 http：//www. oesgd. org. cn/finance2. asp？ classid = 3&boardname = 业务活动表.
⑤ 详见 http：//www. oesgd. org. cn/finance1. asp？ classid = 3&boardname = 资产负债表.

账款 64 000 元，为在建中数据库项目款，2015 年该项目已完成，连同该项目最后一期款 16 000 元共 80 000 元结转为管理费用。除此之外，财务报表中还罗列了具体的项目情况，比如筹资费用一项中具体到银行手续费。财务管理清晰细致、完备公开。

4. 捐赠管理制度

恤孤会按照"依法办会"原则，不仅使财务公开透明，同时也使资助、募捐工作透明化。恤孤会针对各个项目具有严格的捐赠和资助流程，如重症贫童救助流程和助学资助流程。在恤孤会的官网上，公布着每个月、每个项目详细完整的捐赠清单①、资助清单、汇付清单和病童情况明细表②。以"爱满罐"活动为例，每一项的捐赠都能精确到具体时间、人物、金额，并拟有收据编号，保证捐赠不重复、不遗漏、不错误，总的捐赠可以进行统计，捐赠者也有凭据，可以进行监督和检查。又如 2017 年春季对连平县开展的孤贫学生资助项目，在资助清单中详细罗列了核准资助的连平县各镇的学生总人数、各期（春秋季）的资助学生人数、替补人数、预计总资助款、累计已发放资助款、预留资助款和辍学等资助款余额，并且详细到每一个受助学生的基本信息，如：姓名、性别、出生年月、在读学校、年级、是否继续上学、预计发放款、累计发放款、辍学等资助款余额及其对口资助人姓名，同样以编号的形式备案，使得监督检查更为方便。除此之外，恤孤会要求受助者填写反馈表并由恤孤会转交给对口资助人。学生情况反馈表是由受助者写给资助人的一封信，主要反映受助者在得到资助后的学习（一般是各科学习成绩以及教师评语）和生活上的情况，对于受助者来说，这既是一种监督，也是一种报答；而于认捐者而言，他们可以通过这封信大致了解到资助效果。这个反馈的过程也是让慈善理念再次在受助者与资助者之间进行传播的过程，而恤孤会在为人们铸造一个可以信任的慈善平台。救助重症贫童流程如下：

对有合作医院和媒体推荐求助的病童：

（1）申请本项目资助的贫困家庭儿童的家长（监护人）应填报"重症贫童救助申请表"的有关栏目，并提交医院诊断书、病历和家庭经济情况证明、监护人身份证或户口本的原件和复印件（原件核对后即退回）。由合作医院推荐的，按合作协议处理。

（2）派出的调查人员在申请表签署意见，报秘书长审批。

（3）资助款主要用于医疗开支，住院治疗的直接交付医院，门诊治疗的按实际需要支付。对特别困难的家庭，可酌情给予一定的生活补贴。

（4）资助款可视医疗进度一次或分次发放。

（5）发放资助款应取得受助方的有效收据，作财务凭证。

（6）在网上公布每一个案的"重症贫童救助申请表"、资助款收据，并视情况附上

---

① 详见 http：//www. oesgd. org. cn/juanzeng. asp？ classid＝4.

② 详见 http：//www. oesgd. org. cn/zizhu. asp？ classid＝5.

相关说明或材料。

（7）本项目的财务情况列入每年度的审计。并在财务报表设专科项目，在年度财务报告中披露使用情况。

（8）本项目的每一救助个案立档备查。

（9）本项目捐赠方可在任何时候，在事先不通知恤孤会的情况下，前来查询、审核。

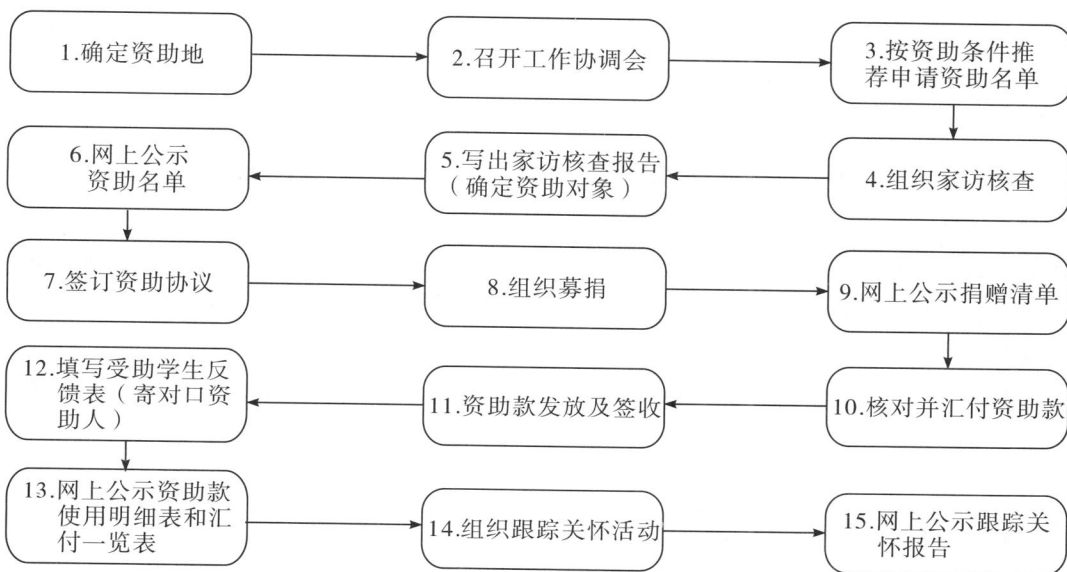

图6　助学资助流程

对于一个队伍日渐壮大、活动量也日渐增多的慈善组织来说，只有在治理结构、志愿者工作、财务工作以及捐赠工作等方面都做到更加规范、精准、细致、公开，让一切都在阳光下运行，才能防止腐败的滋生，消除群众的担心和质疑，这个组织才有可能立稳脚跟，赢得社会信任，才能真正塑造一个合格可信的慈善平台。

（三）传播理念：大慈善

恤孤会自成立以来，规范运行、效果良好，广受称誉。由人民日报社、新华社、中央电视台、南方日报社、羊城晚报社、广州日报社、广东电视台、广州电视台等多家媒体的报道累计超过1 000篇次，是广东地区绝无仅有的平均两天不到就报道一次的草根慈善团体。慈善，不仅仅是慈善组织的事业，也是全社会共同的事业。无论是媒体、企业等团体组织，还是个人，都应该与专业的慈善组织一道，积极配合、密切合作、相互监督，肩负起传播慈善理念、推动慈善事业发展的重任，集思广益来帮扶社会弱势群体，构建一个更加公平正义的社会。比如恤孤会与广东广播电视台城市之声合作，于2009年4月举办第一届"千名孤儿省会行"活动；与《新快报》合作，于2012年起开展病童救助活动；与广州电视台G4合作，于2013年起开展连平爱心午餐、乡村学校蜕变计划、设立 G4 爱心直达基金；与广州电视台影视频道合作，于 2014 年起设立真情追踪基金；与《羊城晚报》合作，签订《关于公益事业全面合作协议》；与加多宝企业、海印集团、国际汇美服饰合作为病童筹集善款；与太平洋保险公司合作设立蓝丝带病童救助基金……并且这些项目都取得了丰硕的成果。以乡村学校蜕变计划为例，此项目联合了广东济德文化公益服务中心以及广东电视台等 10 余家媒体机构为信宜市思贺镇 12 间山区小学改造筹集资金，细项有幸福厨房、爱心午餐、美丽桌椅、南都书屋、运动器材、电脑设备等，全面改善和升级了教学环境。不到半年时间，当地学校面貌焕然一新，得到了当地政府、群众和师生的一致赞许。正是这种大合作，才能解决大困难，实现大突破，构建大慈善。

另外，恤孤会本身也注重理念传播，它建立了自己的官网、微信公众号、微博平台，除了对项目、经费、会议等信息进行公示，接受公众的全程监督外，还通过这些平台与公众互动，建立紧密联系，融入公众的生活，搭建起慈善、慈善组织与社会之间的桥梁。

有了这些力量，恤孤会这个平台才得以迅速壮大并终于成为我国现代慈善事业的标杆和旗帜；与此同时，我国的慈善环境也正在加快改善，普罗大众都有机会参与慈善活动，进一步认识与体验慈善，帮助我国慈善更快地从个别组织团体走向社会，从小慈善走向大慈善！

四、尾声

在恤孤会成立将近 14 年之际，王颂汤会长也陷入了沉思。首先是恤孤会已经做出了如此多的成绩，获得了社会如此高的评价，它还有多少进步空间？它该如何继续维护和增强它的公信力？其次是关于《慈善法》，恤孤会作为唯一一家为《慈善法》提案过的民间慈善团体，《慈善法》施行的过程与效果，其实紧密关系着恤孤会的公信力问题。《慈善法》为慈善组织确定的系统规范还有哪些不完整、不适合之处？如何克服这些缺陷可能带来的现实难题？如何让中国的慈善组织更好地走向法治化？恤孤会的公信力会因《慈善法》增强还是减弱？这些问题是相互关联又相互影响的，除了推动《慈善法》的建设与完善，恤孤会必须为自身制订新形势下的品牌公信力建设方案，继续做我国现代慈善理念的传播者、现代慈善行为的服务者、现代慈善事业的探索者……

【思考题】

1. 国内慈善组织爆发公信力危机的原因有哪些？
2. 恤孤会提升公信力的具体举措有哪些？这些举措有哪些启示？
3. 从政府角度看，应该出台哪些政策措施以促进慈善组织提升公信力？

深圳市基层治理体制机制改革

郑维东

（管理学院公共管理系）

【摘　要】基层治理是公共管理中一个非常重要的课题，其体制机制改革也是公共管理中一个重要的命题。而深圳市作为改革开放的窗口和前沿阵地，在基层治理方面做了很多的尝试与创新，为其他地区提供了较好的借鉴和启示。本案例着重探讨和研究了深圳市基层治理的几种主要模式，并探寻其存在的一些普遍性的问题，尝试提出较为可行的解决对策。

【关键词】基层治理　体制　机制

　　基层治理是落实社会经济发展、创新社会管理、健全社会公共服务、维护社会和谐稳定的基点，也是最终体现政府决策成效和实现市场经济有序运行的关键一环。十八届三中全会明确指出，创新社会治理，必须着眼于维护最广大人民的根本利益，紧紧围绕最突出、最艰巨的社会治理难题，最大限度增加和谐因素，不断增强社会治理的活力，改进社会治理方式，激发社会组织活力，创新有效预防和化解矛盾机制，完善公共安全体系，坚持源头治理，标本兼治，以网格化管理、社会化服务为方向，健全基层综合服务管理平台，以基层治理体制为改革创新的立足点和依托，全面深化社会治理的改革创新。深圳市作为全国改革创新的窗口和试验田，在全面探索基层治理体制改革创新方面肩负着责无旁贷的历史重任，这既是全国深入推进改革创新精神以实现新发展、夺取新成果所赋予的时代重任，同时也是深圳市在建设国际化城市、数字化城市、智慧型城市和创新型城市时所面临的重大课题。深圳市在探索适应新形势新要求的基层治理体制方面，在2014年深圳市改革计划、政府工作报告及全市社会建设要点等重大报告中，明确要求牢牢把"三化一平台"（市场化、法治化、国际化和前海战略平台）作为改革主攻方向，紧紧围绕更好地保障和改善民生、促进社会公平正义，突出问题导向、注重顶层设计、强化法治保障，把改革创新贯穿于探索基层治理新体制的各环节，着力推进基层治理体制的改革创新，以最大限度增强社会发展活力，提高社会治理水平，为全国的基层治理改革创新提供榜样示范及经验借鉴。

一、案例背景

（1）基层治理改革创新是全面深化改革的战略部署之一：随着改革的深化、经济组织形式的变革、利益格局的调整和分配形式的多样化，以及人口结构的不断变化，在新形势不断变化调整的情况下，基层治理既迎来了新的改革创新机遇，同时也面临着新形势所提出的要求和挑战。

党的十八大报告中提出，应在改善民生和创新管理中加强社会建设。社会建设是社会和谐稳定的重要保证，必须从维护最广大人民根本利益的高度，加快健全基本公共服务体系，加强和创新社会管理，推动社会主义和谐社会建设。在加强社会建设的管理创新方面，党的十八大报告强调要围绕构建中国特色社会主义社会管理体系，加快形成党委领导、政府负责、社会协同、公众参与、法治保障的社会管理体制，加快形成政府主导、覆盖城乡、可持续的基本公共服务体系，加快形成政社分开、权责明确、依法自治的现代社会组织体制，加快形成源头治理、动态管理、应急处置相结合的社会管理机制。基层治理作为社会治理的最小单元直接影响着社会管理的水平，关系着社会建设的整体格局和改革成败。

为贯彻落实党的十八大关于全面深化改革的战略部署，十八届中央委员会召开了第三次全体会议以研究全面深化改革的若干重大问题，并对相关重大问题作出决议，其中，在涉及加强和创新社会管理方面，十八届三中全会提出了创新社会治理体制的具体构思。具体体现在以下几个方面：改进社会治理方式、激发社会组织活力、创新有效预防和化解社会矛盾体制、健全公共安全体系。

（2）深圳市现代化发展规划中的基层治理改革创新。2014年作为党的十八届三中全会召开后的第一年，面对新形势新任务，深圳市以全面贯彻落实党的十八大、十八届二中全会、十八届三中全会和习近平总书记一系列重要讲话精神作为继续深化改革创新的指导思想，紧跟党中央深化改革创新的整体思路和步伐，坚持稳中求进，坚持深圳质量理念不动摇，牢牢把握市场化、法治化、国际化改革发展方向，以前海开发开放为突破口，把改革创新贯穿于经济社会发展各领域全过程，并以改革促发展、促创新、促转型、促开放、惠民生，努力实现有质量的稳定增长、可持续的全面发展总目标。

（3）深圳市以国际化城市、数字化城市、智慧型城市、创新型城市为战略定位，其继续深化改革创新对基层治理提出了相应的目标和要求，而基层治理的改革创新亦能为深圳市的现代化发展提供助力。

简要回顾近年来深圳市在建设国际化城市方面所做的努力可以发现，深圳市打造国际化大都市的战略方针实现了从顶层设计到量化指标的转变。自2010年6月深圳市第五次党代会提出加快建设现代化国际化先进城市以后，《深圳市推进国际化城市建设行动纲要》于2011年5月正式公布，至2013年12月深圳市委五届十八次全会，国际化作为"三化一平台"的重要组成部分成为深圳改革攻坚、带动全局改革的重要推动力。直至2014年2月，深圳市迈向国际化有了量化指标。根据《深圳市推进国际化城市建设行动纲要》的部署，围绕"三化一平台"的改革主攻方向，深圳市出台《深圳市国际化城市建设重点工作计划》，"深圳市国际化城市建设指标体系"随之正式公布，具体提出了"提升制度规则的国际化水平、提升经济发展转型的国际化水平、提升城市人文环境建设的国际化水平、提升城市建设管理的国际化水平、提升公共服务管理的国际化水平、提升公共服务管理的国际化水平"六项重点工作计划以及"2020年深圳国际化城市建设目标值"的工作目标。从顶层设计国际化战略到量化国际化的标准再到具体的工作计划，充分体现了深圳市在全力推进现代化国际化城市建设过程中的决心。

　　同时，自2005年深圳市被建设部列为全国数字化城市管理的试点城市以后，为了切实做好数字化城市管理试点工作，实现城市"科学、严格、精细、长效"管理，加快建设和谐深圳、效益深圳的步伐，不断推进城市管理体制创新，深圳市政府特制订了《深圳数字化城市管理工作方案》，通过运用现代信息技术构筑统一的资源共享综合平台，实行指挥、监督、执行适度分离，创新城市管理体制，再造城市管理流程，并统一网格管理数字平台的建设标准，拓展系统的应用范围，同时通过建立自动评价机制来形成一套科学完善的监督考核体系，对城市管理的各方面进行考核评价。为了进一步推进深圳数字化城市建设，在实施数字化城市管理试点工程之后，2013年深圳市开始推行"织网工程"深化数字化城市建设，并在2013年12月出台《关于全面推进社会建设"织网工程"的实施方案（试行）》（以下简称《实施方案》）。所谓"织网工程"指按照"公共信息资源库、网格信息员队伍、社会管理工作网、社区家园网、社区综合信息采集系统、决策分析支持系统"（即"一库一队伍，两网两系统"）的基本架构，建设覆盖市、区、街道、社区四级的综合信息系统。《实施方案》提出了深圳市打造数字化城市的阶段性目标，具体包括：至2014年末，完成"一库一队伍，两网两系统"的建设和试运行，实现信息资源跨区域、跨层级、跨部门的互联互通、融合共享；从2015年起，按照统一标准实施"织网工程"，进一步开发民生服务和社会管理领域的各种应用，全面提升公共服务保障能力，提高城市精细化管理水平。迄今为止，坪山新区、光明新区等各区已陆续按照《实施方案》的具体要求，通过完善社区网格化服务管理模式、建设社区综合信息采集系统、建设和完善公共信息资源库、建设决策分析支持系统、业务系统的开发应用等方式在不同程度上推进"织网工程"建设，围绕"织网工程"建设的部署建设阶段、完善阶段和正式运行阶段将深圳市逐步打造成数字化城市，从而实现城市管理的精细化和现代化。

　　深圳市委市政府顺应国际科技、经济、社会发展形势和先进城市发展潮流在第五次党代会提出建设"智慧深圳"的战略决策，并随后出台了《智慧深圳规划纲要（2011—2020年）》这一指导深圳城市智慧化建设和智慧产业发展的行动纲领，并编制了相关专项规划的依据。至2013年，为了加快推动"智慧深圳"建设，把深圳发展为我国领先的智慧城市示范区和新一代信息技术产业领跑者，根据《深圳市国民经济和社会发展第十二个五年规划纲要》和《智慧深圳规划纲要（2011—2020年）》，深圳市政府制订了

《智慧深圳建设实施方案（2013—2015年）》，将智慧型城市的建设进一步具体化。其中，该方案提出了围绕提升城市信息通信基础设施、构建电子公共支撑体系、提高城市运营管理智慧水平、改善民生领域信息服务、完善信息安全保障体系、培育战略性新兴产业集群发展这6个领域的33项工作重点。至2015年深圳市将规划建成信息通信基础设施国际领先、电子公共支撑体系集约高效、城市运营和民生服务智能便捷、信息安全保障体系基本形成、智慧城市支撑产业集群发展的智慧型城市。

创新型城市是创新型国家的重要支柱，是区域创新体系的中心环节，是城市发展方式转变的必然选择。2006年深圳市委市政府就建设国家创新型城市出台《关于实施自主创新战略建设国家创新型城市的决定》，提出了把创新作为深圳未来发展的主导战略、努力建设国家创新型城市等十项决议；2008年深圳市委市政府成立建设国家创新型城市领导小组，并在9月份出台《关于加快建设国家创新型城市的若干意见》，提出了率先建成国家创新型城市的总体要求和中远期目标，通过广聚创新资源、破解创新瓶颈、优化创新环境等方式探索深圳特色创新之路，强力推进国家创新型城市建设；紧接着，2008年10月，深圳市委市政府编制《深圳国家创新型城市总体规划（2008—2015）》，成为我国第一部国家创新型城市规划以及深圳市建设国家创新型城市的行动纲领。该规划分析了深圳市建设国家创新型城市所现有的资源和面临的形势要求，提出了国家创新型城市建设的重点任务在于积极践行科学发展观，以发展方式创新为核心，以体制机制创新为保障，以科技创新和产业创新为重点，以社会文化创新为依托，全面提升自主创新能力，实现新一轮跨越式发展；同时，该规划还将重点建设任务分解为实施基础能力、应用能力、科技计划、新兴产业、高端产业、产业服务、创新支撑、城市空间、创新文化和开放合作十大工程，分领域协作推进创新型城市建设。次年（即2009年），深圳市委市政府根据《深圳国家创新型城市总体规划（2008—2015）》制订了《深圳国家创新型城市总体规划实施方案》，将国家创新型城市建设战略层面的规划设计转变为切实可行的实施方案，进一步具化了近期重点推进的十项工作，同时将各项重点工作分成了2008—2010年、2011—2015年两个主要阶段，明确了各个阶段的主要工作任务和各项重点工作的责任主体。在各相关部门积极探索和大力推进国家创新型城市建设工作，取得了良好的阶段性成果之后，2011年市委市政府根据国家创新型城市建设的推进状况和相关文件指导，制订了《深圳国家创新型城市总体规划实施方案（2011—2013年）》，进一步明确了下一阶段加强高水平的高等院校、研究机构和重点实验室的建设，构建知识创新体系，增强源头创新能力等国家创新型城市建设的十项工作任务和工作重点。至2012年，深圳市委市政府则将国家创新型城市建设落实到国家自主创新示范区的建设上，并出台了《关于努力建设国家自主创新示范区实现创新驱动发展的决定》，未来深圳市国家创新型城市建设将围绕国家自主创新示范区的建设，致力于将深圳建设成城市创新能力大幅提升、拥有一批国际化创新型领军人才、聚集一批高水平研发机构与跨国创新企业的国际级创新中心和高技术产业基地，成为具有国际竞争力的创新型城市。

（4）从整体上看，深圳市继续深化改革创新对基层治理提出了以下目标：

首先，深圳市时任市长许勤在《2014年深圳市政府工作报告》中将创新社会治理方式、激发社会活力作为2014年的十项重要工作之一，提出了充分发挥政府主导作用，构建机制科学、内容丰富、参与多元的治理体系，努力保障市民安居乐业、社会安定有序这一创新社会治理的整体目标。

其次，为深入贯彻党的十八届三中全会精神，全面落实中央和省、市关于全面深化改革的总体部署，推动深圳市改革取得新突破，深圳市根据《中共深圳市委贯彻落实〈中共中央关于全面深化改革若干重大问题的决定〉的实施意见》制定出了《深圳市2014年改革计划》，而"深化社会体制改革，使发展成果更多更公平惠及全体市民"也位列2014年改革七大计划之一。

再次，为了贯彻落实《中共深圳市委贯彻落实〈中共中央关于全面深化改革若干重大问题的决定〉的实施意见》和《深圳市2014年改革计划》，深圳市政府还制定了《2014年深圳市社会建设工作要点》，并在其中具体提出了把改革创新贯穿于社会建设各领域各环节，着力推进社会事业改革和社会治理体制创新，最大限度增强社会发展活力，提高党委领导、政府主导下的社会治理水平的社会建设目标。

最后，在《深圳市社会事业发展"十二五"规划》中，深圳市亦提出了"创新基层治理模式"的发展规划，其中包括：整合各类资源，完善政府主导、居民自治、社会参与的基层建设管理机制；缩短管理链条，减少行政层级，提高行政效率；推进基层社区管理的体制转型、功能转型和工作转型，充分发挥社区各类社会组织的作用；增强居委会自治功能，探索拓宽非户籍居民有序参与基层民主的新途径，形成政府调控机制与社会协调机制互联、行政功能与社会自治功能互补、管理力量与社会调解力量互动的社会管理网络等目标内容。

二、案例描述

1. 深圳市基层治理现状描述

（1）在机构设置上，管理层级多、链条长，政府各类工作人员数量较多。目前，深圳城市管理普遍实行两级政府、三级管理、四级网络的行政层级。市政府政策要通过两个以上的中间层级才能到达社区，政府各类管理人员的总体规模较大。

（2）在层级结构关系上，实行区内单一制结构形式。下一级管理层级的行政权力来源于上级的授权，上一层级对下一层级具有人事任免、财力和物力配置的权力，负责对下一层级工作的考核评价。下一级管理层级的工作重心主要是完成上级的任务，主要对上一级管理层级负责而不是对其管理和服务对象负责。

（3）在条块关系上，以块为主，部门对口设置。总体而言，在市—区—街道—社区工作站四个管理层级中，下一个管理层级多遵循对口原则，设有与上一管理层级类似的管理部门和人员，但规模比较小（光明新区除外）。同时，上一管理层级还在下一管理层级管辖区域内设立了一些垂直管理机构，由此形成了行政管理上的条块关系。在职责权限上，上一管理层级拥有更多的决策和审批权限，下一管理层级主要拥有执行权。

（4）在政府与市场、社会关系上，完全由政府主导。目前，各项公共管理和服务职能主要由政府承担，企业、社会组织和公民较少参与。当一些工作需要加强时，政府往往采取增设机构和人员的办法解决，而较少考虑培育和发动社会力量，实行公共治理，基层社会的自治功能也没有得到有效发挥。

总体而言，深圳市现行的基层治理体制与机制尚未达到深圳市基层治理体制改革创新的目标，还未完全实现由政府主导、居民自治、社会参与的基层建设管理机制。在深圳市目前的管理体制中，还普遍存在着两级政府、四级管理的行政层级问题，管理链条过长，行政效率有待继续提高；行政区域的划分往往"一刀切"，没有综合考虑每个区域的人员、地域等因素，从而增加了基层治理的难度；街道与社区之间的职责界定模糊不清，导致在治理过程中相互推诿等问题频发；居民自治作为多元治理的一个主体，在实际的基层治理中并未能发挥其自治功能，相关的法律规范一直处于缺失状态。而目前的管理机制中，社区服务无论是内容还是质量上都未能满足居民日常生活的需要，社区服务机制亟待完善；居委会还未达到完全自治的目标，自治能力有待继续提高。

2. 基层治理创新的实践描述

（1）盐田模式。盐田模式改革试图通过在社区设立新的机构创新实现多元化社区治理理念。它通过设立社区工作站来搭建政社分开的社区治理组织体系，进而解决政府包办一切社会事务的现状；通过设立社区服务站来搭建社区服务机制和平台，推进社区服务社会化、市场化，进而降低行政成本；通过改革社区居委会选举制度以增强其社区自治功能和能力，进而增强社区居民共建社区的主人翁意识和民主意识，提高政府部门在社区的工作执行能力。

（2）南山模式。南山区一方面将体制内的组织资源嵌入到社会，实现了社会服务与治理的网络化；另一方面将体制外的资源吸纳到体制内释放，进一步疏通了群众的利益表达渠道，提高了公民的有序政治参与度，从而带来了多方共赢的格局。南山模式既有沈阳模式的特质，又有江汉模式的神韵，这是在南山区情的基础上创新型发展的一个模式，这种全新的制度创新，带来了多方共赢的格局，社会、基层群众、基层人大、基层政府、基层党委都从这一制度创新中直接获益。

（3）龙岗模式。龙岗区全区400万的管理人口中，户籍人口不到十分之一；龙岗的警力仅为深圳的六分之一，却担负着管理全市三分之一人口的重任。龙岗区的精细、规范、常态的大综管新格局创立之时，其正处于一个发展与矛盾、冲突并发的时期。这一新格局，以设立各级大综管工作中心为平台，以推进数字化城管为支撑，以建立网格化的责任机制为基础，通过整合条块管理力量，形成指挥是一个系统、防范是一张网络、打击是一个拳头、执法是一个整体、服务是一个平台、管理是一个机制、应急是一支力量的"七个一"工作新格局，努力实现城市和社会管理的常态化、规范化、精细化，使全区平安指数、幸福指数位居全市前列，群众的社会治安满意度和安全感明显提高。

（4）功能新区模式。作为深圳行政管理体制改革的重要内容之一，功能新区是行政区划与管理体制改革，是在以往市—区—街道—社区的两级政府四层管理体制的基础上，探索市—功能区—办事处的一级政府三层管理体制。新区总共挂三块牌，分别是新区党工委、新区管委会和新区纪工委。

新区管理委员会（简称"新区管委会"）属于市政府直接派出机构，正局级建制，负责组织辖区内经济发展、城市管理、征地拆迁等多项职能。除人大、政协、检察院、法院工作继续由所在行政区负责外，其他区一级的行政职能全部由新区承担，行使区一级行政权。新区的国民经济统计收入最终列入所在行政区。

功能新区的内部结构也与行政区有所不同。新区党工委为市委派出机构，与新区管委会合署办公，新区纪工委接受市纪委和新区党工委双重领导；新区管委会属市政府派出机构，全面负责新区的经济发展、城市建设管理和社会事务管理等工作。与传统行政区不同，新区除人大、政协、检察院、法院工作继续由宝安、龙岗区负责，其他区一级的行政职能全部由新区承担，行使区一级行政权。与一般行政区另有的区别是，功能新区是大部制样本，部门精简，人员紧缩，一岗多能。光明新区与福田区相比，福田区政府直属机构就有43个，有教育局、民政局、财政局、住房和建设局等；而光明新区管理委员会只设有14个局（办），如新区的公共事业局的职能就很多，包括教育、卫生、文化、体育等。

（5）宝安一区三治模式。随着光明、龙华两个新区的相继成立，宝安区政府原有的行政管理格局被打破。在原有的大宝安格局下，在行政区划上将宝安区细分成三大块，从而使得大宝安由原来的一区一治转变为现今的一区三治，即光明新区、龙华新区、宝安区三种治理共存于原先的大宝安格局中。一方面，光明、龙华新区虽然不是一级政府，但是它们承担着一级政府的行政职权，从这个意义讲，它们与宝安区处于同等的地位；另一方面，光明、龙华新区仍然处在宝安区的行政区划内，仍然和宝安区共享一个统一的治理架构。这种在行政层面分离职权、在政治层面共享架构的体制是导致宝安区和光明、龙华新区在一体化建设中出现矛盾和问题的根源。

三、案例分析

1. 各区模式存在的主要问题分析

（1）盐田模式：

①缺乏法律、制度的保证。

②社区居委会边缘化、空心化问题严重。

③形式化色彩严重，功能发挥被边缘化。

（2）南山模式：

①居站分设改革不够彻底。

②居民参与渠道不畅。

③服务供给体系不完善。

④自治本身存在局限。

（3）龙岗模式：

①大综管模式和现有的政府管理体制不一致。

②大综管服务力度相对薄弱。

（4）功能新区模式：

①定位困扰。

②条块困扰。

③坪山织网工程。

④网格信息员的综合素质问题。

⑤缺乏资金支持。

⑥织网工程信息共享不足。

⑦织网工程的安全性问题。

（5）宝安一区三治模式：

①行政法规、规章制度的制定和修改工作滞后。

②公共服务供给方式和机制不协调。

③行政运行机制不完善。

④行政管理架构有缺陷。

⑤行政理念及审批方式僵化。

⑥公众对政府决策参与度不高。

2. 深圳市现存的基层治理体制机制中存在的普遍性问题分析

（1）治理主体的角色定位不清。各主体职能分工模糊、经费账目交杂不清，并造成社区层面政、社、企不分，其互相制约的胶着状态的主要原因是社区各主体成员普遍交叉任职，而社区各治理主体的这种职权交织状态给社区治理带来严峻挑战：一是社区工作站执行力受制约。工作站从班子成员到普通工作人员兼职现象普遍，职权交织不明、多重冲突的角色身份导致其无法将力量集中于社区管理服务，从而降低工作站的执行力水平；同时由于工作站人员身份不明确、待遇不均等原因，也不同程度地影响了工作积极性和主动性。二是股份公司市场竞争力不足。股份公司与行政事务过多交织，一方面影响了其对经济事务的管理，另一方面容易造成其对政府财政扶持的习惯性依赖，不利于增强其在市场经济中的竞争力。三是居民自治缺失。居委会与工作站、股份公司事务交杂，工作重心集中在工作站和股份公司，居委会形同虚设；再加上本地居民与外来人口严重倒挂，居委会工作与居民小组完全脱节等，导致其难以有效发挥推进社区自治的职能，居民的表达渠道不够畅通。

（2）社区工作站的责权不对等。近年来，随着城市管理重心的不断下移，政府职能部门各项工作纷纷要求走进社区。因此，社区工作站承担着越来越烦琐、越来越艰巨的任务，从计划生育登记检查、出租屋管理、流动人口管理、纠纷调解、维稳综治、民政、居民就业、业委会组建协调、安全文明小区建设，到环境卫生保持、消防隐患摸底排查、生产安全隐患排查、政策宣传、社区居民文体活动开展，再到人口普查、经济普查等，工作任务日益繁重。虽然《深圳市社区工作站管理试行办法》规定社区工作站的工作职责为十大项，但据统计，目前工作站承担的工作职责高达100余项。

（3）居委会自治功能薄弱。一方面，在目前的基层治理实践中，居委会承担着过多的行政职能，工作负担沉重。我国目前大部分大中城市实行的是两级政府（市、区）三级管理（市、区、街道）的行政管理体制，各级行政机关及每个行政机关的各职能部门，对城市基层的管理几乎都需要通过居委会贯彻下去，居委会便承担着各级党委机关、国家行政机关部署的、指派的、委托的、层层加码的繁重工作任务，而每一项工作任务又都是必须完成的，没有任何讨价还价的余地。由此出现了"上面千条线、下面一根针"的局面，居委会实际上成了行政机关的附属物和基层政权的细胞。同时在缺少政府对其自治绩效考核的情况下，更导致了自治功能的弱化。另一方面，我国的居委会自身仍不同程度地存在着准行政化管理的运作方式。许多应该由民做主的事情往往变为替民做主。随着改革的不断深入，越来越多的单位人成为社会人，原有居委会的管理方式与发挥居民自治功能的矛盾日益突出，城市基层社会管理和社区工作运行机制受到严峻挑战。

（4）社区的财政支撑不合理。这种不合理主要表现在两个方面：其一，社区财力单纯靠政府拨付，有限的财政拨付难以支撑日益繁重的社区工作；其二，社区没有独立财政权。这两方面的不合理直接给社区工作造成三方面的影响：第一，不利于社区自治工作的推进，社区财力是社区自治的物质保障，没有财力和财政，社区就不可能自立自治；第二，不适应社区日益繁重的工作任务，没有足够的财力支撑，社区工作只能是捉襟见肘，不可能达到可持续良性发展；第三，不能有效地促进社区自治财政制度的建立和完善。从社区发展的长效机制看，必须解决社区财力来源，建立社区财力支撑体系，发展社区服务经济，健全社区自治财政制度。

（5）居民参与度不高。随着深圳经济社会的发展，大量单位人成为社会人，大量外来人口涌入深圳，各类社会组织如雨后春笋般涌现。目前，街道、社区尚未建立良好的社会动员机制，社会动员能力不足，无法动员更多的社会力量参与社区管理和服务。这一现状使得大量的社会成员不仅未成为基层治理的良好助力，反而需要庞大的行政成本对这批社会成员进行管理以满足社区稳定的需求，这不仅导致了大量人力资源的浪费，同时也导致了行政成本的激增和社区自治能力的弱化。

【思考题】

1. 你认为深圳市基层治理存在上述问题的原因有哪些？请从体制、机制层面进行解析。

2. 境内外有哪些基层治理先进经验和模式值得深圳学习借鉴？

3. 从体制、机制方面分别分析深圳市如何促进基层治理改革。

深圳泥头车治理模式的转变：
单部门行政管制转向多元联合治理

曾锡环
（管理学院公共管理系）

【摘　要】2012 年 10 月 17 日 21 点左右，在深圳福田区彩田路红荔路口，一辆直行的红色泥头车失控，造成安全岛上的 3 名路人当场身亡。这一"10·17"泥头车事故引起深圳市民的强烈反响，并要求严格管控泥头车平时在城区道路肆无忌惮高速行驶的危险状态；"10·17"泥头车事故引起深圳市委、市政府的高度重视，2012 年 11 月初，深圳市交委、深圳市交警局、深圳市住建局、深圳市城管局四个部门陆续出台相关管理规定，对泥头车运输进行联合管理，综合治理。泥头车在深圳城市道路上高速运行如"脱缰野马"的情况得到有效遏制，深圳的泥头车治理模式发生转变，从单一的交通部门管制模式转向多部门联合共治的模式。这一案例成为深入解析中国城市公共关注事件处理中的多部门合作协同治理的生动而典型的案例。

【关键词】泥头车事故　公共危急事件管理　多元联合治理

泥头车，指从事淤泥渣土、砂石运输的重、中型自卸车、搅拌车。"10·17"泥头车事故的直接原因：肇事司机朱某驾驶豫 R88330 号牌空载泥头车，欲前往深圳福中路建筑工地，行至彩田红荔路口时因刹车失灵导致车辆失控，酿成惨祸。当时路上并非只有肇事的一台泥头车，而是四五辆泥头车结队而行，车速都非常快。

"10·17"泥头车事故引起深圳市民的强烈反响，并要求严格管控泥头车平时在城区道路肆无忌惮高速行驶的危险状态；"10·17"泥头车事故引起深圳市委、市政府的高度重视，10 月 23 日下午，时任广东省委常委、深圳市委书记王荣主持召开深圳市委常委扩大会议，专题研究泥头车安全管理问题。

2012 年 11 月初，深圳市交通运输委员会（简称"交委"）、深圳市公安局交通警察局（简称"交警局"）、深圳市住房和建设局（简称"住建局"）、深圳市城市管理局（简称"城管局"）四个部门陆续出台相关管理规定，对泥头车运输进行联合管理，综合治理，深圳的泥头车治理模式发生转变，从单一的交通部门管制模式转向多部门联合共治的模式。从此，泥头车在深圳城市道路上高速行驶如"脱缰野马"的情况得到有效遏制。

深圳泥头车治理模式的转变，其实践经验值得挖掘，整个过程，体现了城市管理多元共治理论的价值，也遇到了多元共治实施中需要推进的协作性机制的困境。这是一个城市政府多元联合治理的典型案例。

一、深圳泥头车治理的背景

近年来，我国许多地方都曾报道过泥头车撞人事故。以深圳为例，据不完全统计，仅 2008 年至 2010 年，深圳市发生涉及泥头车的道路交通事故 40 余起，共造成 42 人死亡、40 人受伤。泥头车几乎变成了"杀人车"的代名词，成了"城市恶魔"。如何避免泥头车撞人撞物事故，成了城市交通治理的难题。

为了惩治泥头车交通事故，早在 2007 年 8 月，由深圳市公安、国土、建设、交通、城管、建筑工务署六部门根据深圳市四届人大三次会议"整治泥头车肆意违法行驶"的重点建议，联合制定了《深圳市加强泥头车管理规定》，这在深圳市尚属首次专门出台针对泥头车的管理规定，这一项规定是泥头车治理的起点。

2008 年，深圳警方就曾发布泥头车司机"五条禁令"，其中明确，驾驶员有严重交通违法行为（如冲红灯、污损遮挡号牌）的，不予办理通行证；一年内有 3 次交通违法行为，不予办理通行证。而在道路上，泥头车冲红灯、污损遮挡车牌现象并不鲜见。泥头车禁令成了空文，有令不行，有些泥头车还是会横冲直撞。

2008 年年底，深圳市专门建立了"泥头车"部门联动执法制度，深圳市对泥头车的管理，采用的是部门联合执法并以交警执法为主的多头管理模式，但治理效果不太明显。

如下陆续发生的交通事故，即可说明这一问题：

2008 年 10 月 10 日，在北环大道东往西南山段，泥头车超速侧翻压瘪一辆同行的小轿车，造成两死一伤的惨剧，所幸一名儿童只是受了轻伤。

2008 年 11 月 15 日，在盐葵公路与盐三公路交叉路口，严重超载的赣 G95907 泥头车向左侧侧翻挤压粤 BUE007 越野车，越野车内 6 人死亡。肇事泥头车司机当场被刑事拘留。

2009 年 3 月 20 日，在福田区福强路与沙嘴路交会处，一名 9 岁女童沿人行横道过马路前往学校途中，被一辆闯红灯的泥头车碾过，当场身亡，而肇事司机逃逸。

2012 年 5 月 3 日，同在一所学校上学的三姐弟放学后骑一辆电动自行车回家，在经过宝安石岩松白路一处辅道岔路口时，被一辆满载沙子的泥头车卷入车底，大姐被碾身亡，二姐多处擦伤，弟弟双下肢、骨盆骨折。

在一桩桩触目惊心的血案中，泥头车为何会成为马路杀手？深圳整治措施堪称严厉，为何违规现象频现？为何管理部门虽采取了相关措施，仍难以遏制重大事故再度发生？深圳对泥头车专项整治行动，为什么效果不明显？

有关方面就深圳泥头车整治不力问题进行分析，认为主因是执行不力，而执行不力的原因是：泥头车治理，只有交通管理部门单一方面进行管制，缺乏相关机构与部门的协同治理。

直至 2012 年 10 月 17 日，在深圳市区莲花山公园附近的彩田路发生"10·17"泥头车重大恶性撞人事件后，深圳泥头车治理采取更为严厉、更为综合、相关机构与部门协同治理的措施后，深圳泥头车恶性交通事故频发现象才得到较好的控制。

二、深圳"10·17"泥头车重大撞人事件全过程

2012 年 10 月 17 日 21 点左右，一辆沿彩田路直行的红色泥头车在彩田红荔路口失控，直接冲上路口西侧安全岛，撞到红荔路人行道隔栏后，又从对面西侧安全岛上冲出。肇事的红色空载泥头车，车牌为豫 R88330。

事故的伤亡情况：造成安全岛上的三名路人当场身亡。遇难的两位成人为一男一女，其中男子甚至被碾成两截。遇难者中有一名小女孩，头部受到重创。另有三人被送往医院急救。

事故发生后大批交警在事发路口疏导交道，红荔路西行方向暂时管制禁止通行。但因交警在路段疏导指挥，该路段交通并未受到太大影响。

事故的直接原因：肇事司机朱某驾驶豫 R88330 号牌空载泥头车，欲前往福中路建筑工地，在行至彩田红荔路口时因刹车失灵导致车辆失控，酿成惨祸。当时路上并非只有肇事的一台泥头车，而是四五辆泥头车结队而行，车速都非常快。

刹车失灵的背后：肇事泥头车的通行证在 2012 年 9 月过期尚未补办，肇事司机属违法冲禁令。肇事司机朱某 30 岁（2012 年），7 年驾龄，从事泥头车营运已有两年时间。据朱某称，他受雇于河南南阳富瑞达汽车运输服务有限公司。事发当晚，朱某已拉过一车石头到龙华一家石场，当他返回来行驶到彩田路莲花立交路段时，由于是下坡路，他便挂空挡滑行，见到路口前方还是绿灯，准备加速通过却发现挡位完全失灵，方向盘打不动，随后就冲上安全岛。

深圳"10·17"重大交通事故给人们造成的痛苦记忆尚未抹去，有关泥头车肇事的新闻仍频频刺痛人们的耳朵和双眼。

2012 年 10 月 20 日上午 8 时许，在宝安区福永街道福海大道和永福路交叉口，一辆泥头车撞上一名骑自行车上班的男子，男子被撞飞，头部着地受重创，当场身亡。肇事司机是一名 20 多岁的小伙子，坐在警车里面，他边打电话，边痛哭。

2012 年 10 月 20 日凌晨，在龙岗布澜路还发生了一起泥头车与小货车相撞的事故。2012 年 10 月 20 日凌晨 5 点 45 分左右，龙岗区布澜路第三人民医院前十字路口，一辆小型货车在直行时撞上一辆泥头车。据目击者黄先生介绍，事发时他刚好经过路口，小货车在绿灯时直行通过路口，此时一辆泥头车飞速从左侧开过来，货车躲闪不及，车头直接撞上了泥头车的右侧。五十铃货车车头几乎被压扁，货车里面两个人被卡在车内。

据不完全统计，四天来发生涉及泥头车的事故已达四起，造成四人死亡，这引起深圳市民的强烈关注！

三、深圳泥头车"管不住"的原因

"10·17"事故发生后的四天内，又一连发生三起泥头车车祸惨剧，泥头车事故频发，引发社会各界高度关切。为何长期以来对泥头车虽时有治理，却难见令人满意的成效，问题到底出自哪里？媒体经过调查，归纳为如下六点主要原因：

1. 频频闯祸出事的是深圳之外的泥头车，违法成本低

到 2012 年 11 月止，深圳市共有经营性泥头车运输企业 450 家，营运车辆共 2 500 辆。据深圳市自卸车行业协会会长邓裕清估算，异地号牌占在深圳营运泥头车总数至少 60% 以上，他无奈地表示："本地有资质企业的泥头车拿不到工程项目，外地泥头车满大街乱跑！"

深圳市正规泥头车企业成本高，外地泥头车成本低，不少工程承包方为了节省费用，更加青睐外地泥头车。本地企业在深圳注册，所有车辆在深圳登记年审，受到年审等管理方面的制约，深圳本地企业受罚后无法逃避处罚，同时还承担着油费、司机工资等成本以及受纳场涨价的压力。

而外地泥头车则不同，多数都是个体经营户，他们往往是挂靠在当地的泥头车企业，然后在该企业的组织下来深圳运营，结构十分松散。业内人士指出，这些外地泥头车企业能够拿到工程项目，跟所谓的人脉和关系也息息相关，"有的企业没车有关系就能拿到项目，有车的正规企业没有关系反而接不到活！"

受深圳市场影响，2012 年泥头车运输行业竞争十分惨烈。一方面，外地泥头车频频闯祸出事；另一方面，守法的泥头车企业被迫退出深圳市场！深圳市自卸车行业协会发起单位之一的华粤创展实业有限公司由于难堪重负，被迫将 40 辆泥头车贱卖，并正式退出该协会。

2. 层层转包，出事后总承包商无须负责

行业人士指出，在泥头车的整条利益链条里，存在着层层转包、监管不力的状况。泥土运输只是工程的其中一个环节，到 2012 年 11 月止，业内普遍做法是工程承包方将泥土运输承包给包工头，然后包工头再找下家公司完成具体任务。这种层层转包的情况下，必然导致利润降低，泥头车司机奉行"多拉快跑"来提高收入，而忽视安全隐患。一旦出了事故，工程承包方通常做法都是将责任归结于下一家公司，自己则无须负责。

据了解，泥头车"10·17"事故发生后，有媒体揭露肇事司机朱某拉石头的工地属于生命人寿保险股份有限公司在建项目。事后，该工程项目经理部相关负责人确认朱某事发当天确实有出车，但辩称工地石方与泥土运输由外面车队承包，肇事司机闯祸与工地无关，企图以此搪塞过关。

网友"凌梦寒萧"坦言，工程承包单位及其使用泥头车的管理现状可谓是乱七八糟，"你看泥头车挂的牌子不是河南的就是湖南、湖北的，就已经明白其背后的乱象"。他建议应该对泥头车使用单位出重拳处罚，"如果工程施工方面的泥头车发生了交通事故并致人死亡，则应该强行要求项目工地停工或者承担严厉的经济处罚"，让工程方签订责任状承担直接的责任，付出的代价重一些，才能从根源上防止事故发生。

3. 交警执法管制力量不足

泥头车司机又是超速又是违章，就不怕罚款或扣车吗？"交警只能管得了一隅，不可能每条道路都安排人手，也不可能一天 24 小时来监控。"蒋师傅表示，泥头车司机都心存侥幸，被抓到了认倒霉，躲得过就算赚到了。尤其是晚上路面警力少的时候，即使有摄像头，可车牌被泥土遮掩根本看不清，交警也无从管制。

4. 多头管理管不住泥头车

2012 年 11 月之前，深圳市管理泥头车的部门有四个：住建局、交警局、交委和城管局，每个部门都认为"自己尽到了管理职责"。到 2012 年 11 月止，在深圳，还没有一个专门部门对泥头车进行监管，而是由多个部门依据各自法定职责进行联合监管。

住建局称只能管到工地，每个深圳市政工地的土石施工队都有审查登记，其配备的车辆人员都有报备资料，都符合施工的安全要求。

交警局说，他们只能管泥头车上路后的事情，只能查车辆是否有执照，是否超载和超速行驶，而他们在工地出入口蹲点执法本来已有违规执法嫌疑，但他们仍然冒着风险执法，已经尽力了。

交委则表示，他们只对泥头车运输企业进行管理，凡泥头车经法定程序归属于一个运输企业的，必须提供安全培训和例行的年检证明，超出这个范围的事情他们也管不了。

城管局称，他们的主要责任是管理泥头车的装车上路是否符合安全要求和是否影响深圳市容市貌。

"多头管理"实际上沦为"无人管理"，深圳市一家泥头车企业负责人对此感到痛心疾首，泥头车在实际监管中管理混乱、有法不依、执法不严，既没有明确的监管部门，也没有明确的权责划分，这也导致了泥头车行业乱象丛生，形成了年年出事年年难管的尴尬局面！

5. 不超速不超载难赚钱

据深圳市泥头车行业某企业负责人透露，正规的企业往往采用固定月租制，司机每月可获 3 000 元至 5 000 元不等的工资。外地泥头车司机的收入大多是底薪加按吨或趟数计算，这就使得司机会采取超速或者超载的方式来得到更多收入。

"不超载超速，怎么赚钱？"在深圳开了多年泥头车的蒋师傅说，一台泥头车从晚上到第二天清晨，可以完成八趟运输，每趟可以从中提成几十元，"超速行驶每天可以多拉三四趟"，其结果就是容易造成交通事故。

建设工程老板包庇泥头车超载。泥头车超载，即使有超载罚款，老板会垫付报销，司机便有恃无恐。"作为司机，大家都害怕超载。可装多少由老板说了算，有时候装少了，还不让出工地。"超载在路面难免会遇到交警查车，可老板事先有承诺，如果被罚了，老板负责报销，司机们只管跑。有老板的支撑，司机们自然不担心超载被罚。

6. 限时令让外地泥头车更疯狂

泥头车禁令中规定：在行驶时间上，白天深圳本地号牌优先通行，外地车牌原则上不得在白天行驶。虽然禁令限制了外地泥头车的行驶时间，但是如此一来，便引发了外地车夜间"多拉快跑"的现实，客观上增加了交通事故发生的可能性，"10·17"事故等多起惨剧都是在晚上发生，也反映出这个问题。

四、深圳"10·17"泥头车事件后的泥头车治理行动

自深圳"10·17"泥头车重大撞人事件后，深圳市委、市政府及其有关部门，采取了如下一系列整治泥头车的行动与措施。

1. 深圳市委常委会专题研究泥头车安全管理问题

2012年10月23日下午，时任广东省委常委、深圳市委书记王荣主持召开深圳市委常委会议，专题研究泥头车安全管理问题。会议就进一步管好泥头车提出了四点要求：

一是住建局要重新梳理研究建筑工程行业监管办法，完善工程招投标体系，在工程概算中规定必要的土石方运输费用，杜绝层层转包或多轮转包等问题，从源头上消除泥头车"多拉快跑"的利益驱动。

二是交委要强化对从事泥头车运输经营的企业及车辆的行政许可管理，进一步提高准入门槛，加强企业及车辆运输经营资质的日常执法监督检查。同时，积极培育规模化、专营化的泥头车企业，进一步规范对泥头车企业的管理。

三是交警局要加大道路交通安全监管，核定泥头车通行线路和时段，严肃查处超载、超速、超限等罔顾安全的违法行为。

四是由深圳市住建局牵头、相关部门配合，开展泥头车整治的联合执法行动，同时将泥头车行业存在的违法犯罪活动纳入"三打两建"行动，规范土石方运输深圳市场运作，坚决遏制事故多发的势头。

2. 成立泥头车安全管理专项整治领导小组，加强泥头车协调治理统一行动

2012年11月初以来，按照深圳市委、市政府关于加强泥头车安全管理的工作部属，深圳市政府成立了泥头车安全管理专项整治领导小组，下设办公室。深圳市政协社会法制与民族宗教委员会副主任王智敏任办公室主任，深圳市交委、住建局、城管局和交警

局等部门抽调人员参加办公室日常工作，统筹指导和监督协调全深圳市泥头车安全管理专项整治工作。

截至2012年11月底，深圳市共开展了3次大规模的统一执法行动，共出动执法人员5 748人次，对全深圳市有土石方作业的工程和受纳场进行全面检查，在泥头车行驶路线设卡查车，行动共查处违规运输企业27家，处罚违法泥头车791台、违规施工单位57家。

3. 深圳市交委出台五条举措整治泥头车

（1）严把整治验收关。对企业安全管理制度不健全、车辆技术管理不到位、驾驶员安全培训教育流于形式的企业进行全面彻底的整改，做到"整治一家，合格一家，放心一家"。

（2）提高营运车辆准入门槛。对运力新增的企业，要求其配备具有专业资质的安全管理员（注册安全主任），提高企业安全监管的能力，确保每位驾驶员都具有从业资质、每辆泥头车都符合技术标准，保证放心人开放心车。

（3）进一步依靠科技智能手段加强安全监管。深圳市交通运输委员会港航和货运交通管理局将建成深圳市道路货运车辆GPS监控中心，对泥头车实施针对性动态监控，对GPS掉线、超速行驶等违法违章行为及时进行通报，对企业负责人进行约谈和警示教育，确保每辆泥头车都处于行业主管部门的有效监控之下。

（4）建立行业退出机制。对长期逃避行业监管的企业或不参加年度审验的车辆，深圳市交委将依照法定程序注销其《道路运输经营许可证》或《道路运输证》，并形成长效机制，保持泥头车运输行业健康有序发展。

（5）深圳市交委、深圳市交通运输行政执法支队还将进一步加大执法力度，将日常监管与专项整治行动结合起来，坚持不间断地开展一系列泥头车专项整治行动。

4. 开展泥头车安全管理专项整治工作

2012年11月3日，深圳市泥头车安全管理专项整治工作会议强调，有关方面要以比查酒后驾车更大的力度强化措施，重典治乱，在泥头车企业及车辆营运资质检查、营运监管和责任追究、深圳市场秩序等重点环节，组织开展相关专项整治执法行动，同时推动泥头车安全管理工作规范化、制度化、常态化发展，进一步完善招投标体制，全面推行"一证双限"制度（即凭证、限时、限路行驶），建立泥头车及车辆营运强制退出机制，建立完善社会监督举报制度，严格管理绩效考核，迅速掀起全深圳市泥头车安全管理专项整治的高压态势。

5. 政府有关部门出台严厉管制措施

2012年11月4日，为了有效整治泥头车，政府四个有关部门做出承诺：

（1）深圳市交委制订了异地货运驾驶员从业资格证备案换证方案，要求全部异地泥头车司机换领深圳市交通主管部门核发的从业资格证，切实加强泥头车驾驶员管理，强制要求异地牌照泥头车安装 GPS 并接入深圳市交委平台。下一步，该委将尽快研究出台异地泥头车企业、车辆备案方案。

具体实现路径为：设立专营资质门槛，引导鼓励企业通过联合、兼并、重组等方式，建立 10 家左右大型专业化泥头车运输专营公司，在一年过渡期内允许异地牌照泥头车依托专营公司进行营运，将高度分散、安全意识淡薄的外地泥头车纳入本地管理；逐步提高异地车辆备案门槛，压缩违规异地车生存空间，鼓励异地牌照泥头车转为本地牌照。一年过渡期结束后，不允许异地泥头车在深圳营运。

（2）深圳市住建局将进一步加大执法力度，该局 44 名处级干部牵头组成专责小组，对 44 个深圳市管工地的泥头车使用情况进行一对一跟踪检查。

（3）深圳市城管局：泥头车一年被查处 3 次不予准运。该局除大力开展泥头车专项执法行动，同时，建立泥头车不良行为记录制度。

（4）为进一步加强泥头车的管理，深圳市交警局于 2012 年 11 月 6 日发布通告，通告规定，凡是深圳市范围内行驶的泥头车，限定高速公路最高限速 70 公里/小时，快速路 60 公里/小时，其他城市道路 40 公里/小时，依托泥头车 GPS 监控平台进行监管。并推出"一证双限"管理措施，从 2012 年 11 月 15 日起至 2013 年 5 月 14 日每天 0 时至 24 时施行。从 2012 年 11 月 15 日起，所有泥头车形成"一车一档"，对各辖区交警实行连带责任制，哪个辖区的车管不住，发生违法事故的，将追究辖区分管大队领导的管理责任。与此同时，通过有奖举报、全警上路、信息化管理等方式，多途径治理泥头车。

6. 政府有关部门进一步严格与完善管制措施

主要体现在三大方面的措施：

一是重罚措施。为遏制泥头车违规行为，深圳市有重罚措施。一年内有以下违法行为之一的泥头车司机，将一律纳入交通管理"黑名单"：有三次冲红灯行为的；有两次逆行行为的；有两次严重超载行为的；有一次重大交通事故的（含同等责任和以上责任的）。凡纳入"黑名单"的余泥渣土运输企业、泥头车及车主，一律实行专人负责的重点监管，从重从严处罚；对纳入"黑名单"的驾驶员，将取消其在深驾驶泥头车的资格。

二是管理延伸进入工程工地。为从源头上规范泥头车司机驾驶行为，交警实行传唤工地负责人制度。首次传唤时，交警会对工地负责人、车队负责人教育训诫。第二次传唤时，交警会对工地进行媒体曝光，还将加强管理。第三次传唤时，交警会发函至住建局，将违规公司列入"黑名单"，限制其在深圳的招标活动，并对工地负责人行政拘留 5 天至 10 天。

三是将高科技引入泥头车管理。深圳市要求泥头车启用物流管理系统，泥头车安装行车记录仪、电子车证，对泥头车的行车规律采用高科技的管理手段。

7. 形成相互协作的多部门协作治理格局

2012 年 11 月，深圳市出台了《关于进一步加强泥头车安全管理工作的意见》（以下简称《意见》）。在《意见》中，泥头车治理主要涉及两方面的内容，一是"谁去治理"，二是"如何治理"。关于"谁去治理"的问题，《意见》提到在泥头车管理上，公安交警、交通运输、住房建设、城管等部门联动。关于"如何治理"的问题，深圳市试图建立公安交警、交通运输、住房建设、城管联动合作来实现，并且推行"一证双限"制度、实行泥头车"黑名单"管理制度、对所有泥头车强制安装 GPS 等。《意见》强调加强各部门的联动治理。

2012 年 11 月 9 日，深圳设立专项整治泥头车的统一协调机构——泥头车安全管理专项整治办公室，由深圳市交委、交警局、住建局和城管局抽调人员组成，明确深圳市泥头车安全管理机构的职责，形成了职能明确、协作统一的泥头车治理机制。各机构部门的职责见下图。

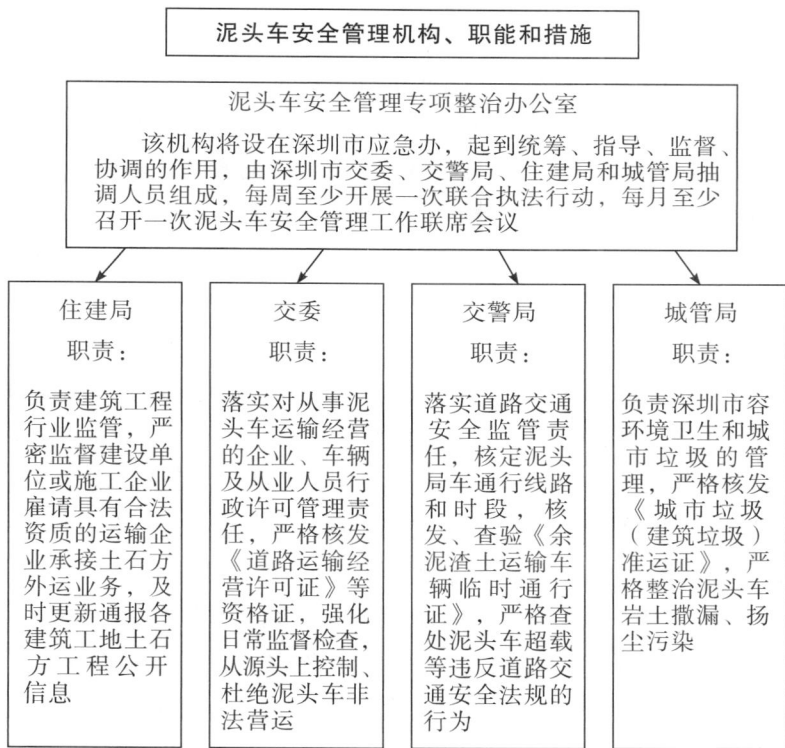

泥头车安全管理机构、职能和措施

泥头车安全管理专项整治办公室

该机构将设在深圳市应急办，起到统筹、指导、监督、协调的作用，由深圳市交委、交警局、住建局和城管局抽调人员组成，每周至少开展一次联合执法行动，每月至少召开一次泥头车安全管理工作联席会议

住建局	交委	交警局	城管局
职责：	职责：	职责：	职责：
负责建筑工程行业监管，严密监督建设单位或施工企业雇请具有合法资质的运输企业承接土石方外运业务，及时更新通报各建筑工地土石方工程公开信息	落实对从事泥头车运输经营的企业、车辆及从业人员行政许可管理责任，严格核发《道路运输经营许可证》等资格证，强化日常监督检查，从源头上控制、杜绝泥头车非法营运	落实道路交通安全监管责任，核定泥头车通行线路和时段，核发、查验《余泥渣土运输车辆临时通行证》，严格查处泥头车超载等违反道路交通安全法规的行为	负责深圳市容环境卫生和城市垃圾的管理，严格核发《城市垃圾（建筑垃圾）准运证》，严格整治泥头车岩土撒漏、扬尘污染

我们可以看到四个执法主体的明确分工。在多部门联合治理泥头车中，不能根治泥头车顽疾的原因有很多。首先，之前政府各部门是多头管理泥头车，什么都管，但是管理不到位，而且权责不清，很难进行问责，成立了泥头车安全管理专项办公室之后，改变多头管理，形成联合协同治理的局面。

8. 组建泥头车整治联合执法队

为贯彻落实深圳市政府《关于进一步加强泥头车安全管理工作的意见》，配合《关于开展泥头车安全管理专项整治工作的实施方案》的出台，确保及时、精准、有效地打击违法泥头车，2012 年 12 月 3 日，经深圳市政府批准，深圳市组建泥头车专项整治联合执法队。该执法队以深圳市交警局为基础，从深圳市交委、深圳市城管局、深圳市住建局等部门抽调精干执法人员组成，实行统一指挥、统一管理、统一勤务的机制。

深圳市泥头车专项整治联合执法队是一支具备联合性、机动性、精确性、规范性的执法队伍。由多个部门协同作战、联合勤务组建的执法队伍，可以解决单部门作战措施和手段不足的问题，实现资源共享，提高执法效率和查处准确度，实现管理无缝衔接，信息及时运用，取得更好的整治效果。同时，可以支援各部门日常开展的专项执法行动，解决重点、难点、热点问题。

泥头车专项整治联合执法队的执法队伍机动灵活、联勤联动，用法律法规严查严处，充分利用视频监控、信息平台等高科技手段追踪设点、查处违法泥头车，同时还可以根据广大深圳市民的投诉举报，对违法泥头车实行不定期、不定时的精确打击。重点打击泥头车超限、超载、超速、冲禁令、偷排乱倒、无资质运营等违法行为。

为了进一步促进深圳泥头车运输市场依法规范、安全有序发展，确保道路交通安全顺畅和广大深圳市民生命财产安全，深圳市泥头车安全管理专项整治领导小组办公室近期还将出台一系列整治措施，形成严查严管的制度和机制，规范泥头车安全生产。

五、结束语

深圳"10·17"泥头车事故引起深圳市民的强烈反响，引起深圳市交委、市政府的高度重视，10 月 23 日下午，时任广东省委常委、深圳市委书记王荣主持召开深圳市委常委扩大会议，深圳市交委、深圳市交警局、深圳市住建局、深圳市城管局等有关部门负责人参与，这四个部门陆续出台相关管理规定，对泥头车运输进行联合管理，综合治理。泥头车在深圳城市道路上高速行驶如"脱缰野马"的情况得到有效遏制，深圳的泥头车治理模式发生转变，从单一的交通部门管制模式转向多部门联合共治的模式。

深圳泥头车治理模式的实践经验值得挖掘，本案例体现了城市管理多部门合作共治理论的价值，合作共治是推进协作性治理机制的重要路径。这是一个城市政府多部门联合治理的典型案例。

【思考题】

1. 深圳泥头车事故管制，为什么要实行多部门协作？
2. 简述深圳泥头车管制实行多部门协作的基本条件。
3. 简述深圳泥头车管制实行多部门协作的障碍与原因。
4. 请结合协作性公共管理理论的相关观点，分析深圳泥头车管制实行多部门协作共治遇到的障碍与问题，分析其多部门进一步协作如何跨越障碍、优化协作共治机制。

技术如何影响公共服务质量：

以深圳市龙岗区"互联网＋政务服务"为例

耿　旭

（管理学院公共管理系）

【摘　要】随着国家大数据战略的推进，政府为民服务的大数据时代已经到来。在全球范围内，运用大数据推动经济发展、完善社会治理、提升公共服务和监管能力正成为趋势。2016 年 4 月发布的《国务院办公厅关于转发国家发展改革委等部门推进"互联网＋政务服务"开展信息惠民试点实施方案的通知》正式提出了以实现"一号一窗一网"为目标的"互联网＋政务服务"新模式。这表明，如何在"互联网＋"时代下，充分利用信息化和大数据改变公共服务供给模式，进行服务质量改进成为重要的研究问题。深圳市自改革开放以来，一直走在政府服务创新的前沿，为全国范围内的公共服务供给改革提供了大量的典型实践。在"互联网＋政务服务"上，龙岗区政务服务大厅利用大数据技术，实现政务服务供给模式转变，得到社会各界的广泛关注。本案例根据深圳龙岗区"互联网＋政务服务"的实践，总结"互联网＋政务服务"模式，分析技术从哪些层面改变服务供给过程和效率，挖掘实践经验，并重点审视技术运用过程中的有限性。

【关键词】公共服务质量　大数据治理　伦理争议

从 2013 年开始，我国地方政府政务服务中心陆续开始探索"互联网＋政务服务"模式，与此同时，政府各个部门开始尝试引进大数据技术，"大数据治理"逐渐成为政府改革的主流趋势，引起各地实践者和学者的广泛关注。就政务服务领域而言，值得思考的是，技术与大数据是如何"打通政务服务最后一公里"的？背后的运行逻辑和过程如何？深圳市龙岗区在 2013 年开始探索"互联网＋政务服务"模式，走在全国之列；2015年 9 月，在"全国行政服务大厅典型案例展示"活动中，龙岗区行政服务大厅被评为十佳优秀案例，被国家行政学院的专家评价为"抓铁有痕，踏石留印"。这一案例成为深入解析地方政府政务服务中心政务服务改革的生动而典型的案例。

一、案例背景

（一）大数据治理下的公共服务质量改进：全球视角与中国机遇

1. 大数据与公共服务质量改进时代的到来：全球视角

随着信息技术时代的来临，信息技术以及以此为基础的大数据技术已经渗透到各行各业，发达国家政府机构更是将大数据政策上升到国家战略的高度，将大数据与公共服务供给结合起来，以期更好地改善公共服务质量，提高公民的满意度。其中，欧盟、日本、美国以及澳大利亚等国家或区域都较早开始建设开放政府以及实行大数据战略（见下表）。而根据 2014 年联合国发布的《联合国电子政务调查报告》，以电子政务发展指数（EGDI）为衡量标准的全球电子政务绩效水平排行榜中，欧洲凭借最高的 EGDI 指数居领先地位，美洲紧随其后，韩国则成为亚洲电子政务创新水平的领跑者。

主要发达国家大数据政策

国家/区域	启动时间	政策内容	核心原则
欧盟	2010 年 11 月	向欧洲议会提交了"开放数据：创新、增长和透明治理的引擎"报告，实施大数据战略	以增强政府数据开放度和透明度为目的
日本	2010 年 05 月	《信息通信技术新战略》；2012 年 7 月发布"活跃 ICT 日本"新综合战略	以 ICT 战略为依托，关注大数据政策
美国	2012 年 03 月	《大数据研究和发展倡议》	明确提出了大数据战略，但侧重于科学、工程领域、国土安全、教育学习等多领域
澳大利亚	2013 年 08 月	《公共服务大数据战略》	通过大数据分析系统提升公共服务质量，增加服务种类，并为公共服务提供更好的政策指导

2. 大数据、"互联网 +"与行政服务质量改进：中国机遇

我国早在 2012 年 5 月，就召开了第一个以大数据为主题的科学会议——第 424 次香山科学会议，提倡发展大数据产业。如何将大数据与公共服务质量提升结合起来，则选择行政服务为突破口。2016 年 9 月，国务院发布的《关于加快推进"互联网 + 政务服务"工作的指导意见》中指出，推进"互联网 + 政务服务"，是贯彻落实党中央、国务院决策部署，是将简政放权、放管结合、优化服务改革推向纵深的关键环节，对加快转变政府职能，提高政府服务效率和透明度，便利群众办事创业，进一步激发市场活力和社会创造力具有重要意义。随后发布的《推进"互联网 + 政务服务"开展信息惠民试点实施方案》，从国家层面对"互联网 + 政务服务"的实施提出了具体的建议性方案。2017 年 1 月，国务院办公厅对外发布酝酿已久的《"互联网 + 政务服务"技术体系建设指南》（以下简称《建设指南》）。《建设指南》侧重问题导向、技术规范和服务平台的全面架构，着力解决网上政务服务的内容、平台和标准化问题。由此可见党和国家政府对"互联网 + 政务服务"的重视程度，不到一年时间，实现了战略制定到顶层设计再到实施路径的完善。

（二）行政服务供给面临的现实困境

区别于其他公共服务，行政服务是公民与政府公务人员直接接触产生的服务，行政服务质量的好坏直接影响公民对政府的感知，也在一定程度上影响公民与政府之间的信任关系。因而，提高行政服务质量至关重要。然而，当前行政服务所依托的行政服务中心在发展中还存在一系列问题。从宏观层面上看，行政服务中心存在合法性疑虑，即没有合乎法律规定的地位和性质；从中观层面上看，行政服务中心存在体制不合理问题，包括流程、形式、技术与程序还不能保证有效性和流畅性；从微观层面上看，常规管理依旧存在混乱现象，中心服务人员的行为态度随意性严重等[①]。如何突破这些障碍，需要地方政府结合"互联网＋"时代的特点，对服务进行不断地创新，使服务意识得到不断提升的同时，也使服务渠道、方式等不断多样化、实用化。

（三）全面深化行政审批制度改革：深圳市发展部署与要求

深圳市自改革开放以来，一直走在政府服务创新的前沿，为全国范围内的公共服务供给改革提供了大量的典型实践。在"互联网＋政务服务"的大趋势下，深圳市政府高瞻远瞩，积极部署，全面深化行政审批制度改革。2017 年 3 月，深圳市政府颁布《深圳市 2017 年推进"互联网＋政务服务"改革工作计划要点》；2017 年 5 月 8 日，深圳市政府发布《深圳市"互联网＋政务服务"暨一门式一网式政府服务模式运行规则（试行)》，对各级政务服务管理部门职责、事项进驻、专业分厅设置与管理、窗口设置及职责、业务流程等内容做了详细规定。2017 年还是深圳"城市质量提升年"，加快推动"互联网＋政务服务"改革，有效提升政府公共服务质量，推动城市管理治理从粗放化转向精细化、从被动响应转向主动服务、从拍脑袋决策转向基于大数据的科学决策，可谓题中之意。

二、案例描述

（一）深圳龙岗区"互联网＋政务服务"：兴起发展

早在深圳市政府层面改革开启之前，深圳市龙岗区就进行了自发探索。从 2014 年开始，龙岗区以全面深化改革为契机，以政务服务体系建设为主要载体，运用"互联网＋"思维和手段，不断改革创新。时任龙岗区委书记高自民在区六届一次党代会上提出，要优化制度供给模式，完善区、街权责清单管理体系，深化权责清单运用；推进政府职能转变，全面清理和规范行政审批事项，创新政府审批服务模式，为企业减负松绑，为创新创业清障搭台。时任龙岗区区长戴斌在区两会时提出，要提升政府服务水平，深

化行政审批制度改革，精简优化审批事项，推动流程再造，提高审批效率；推行"一门式一网式"政府服务改革，完善区、街道、社区三级公共服务平台。目前，建立了标准统一的权责事项管理体系，建设了区、街道、社区一体化的政务服务体系，全面推行了"一窗式"改革，实施"多规合一"政府投资项目审批流程改革，行政审批制度改革不断取得新突破。2015 年 9 月，在"全国行政服务大厅典型案例展示"活动中，龙岗区行政服务大厅被评为十佳优秀案例，被国家行政学院的专家评价为"抓铁有痕，踏石留印"。

（二）深圳龙岗区"互联网＋政务服务"：典型做法

在"互联网＋政务服务"上，龙岗区政务服务大厅利用大数据技术，实现政务服务供给模式转变，得到社会各界的广泛关注。龙岗区政府主要采取了以下措施：

第一，全区率先制定清单制度，从源头上厘清行政权责问题。编制了"权责一致"的行政权责清单，于 2014 年 7 月 1 日发布。同时按照"有权必有责、权责相一致、权责受监督"的原则，明确每一项行政权力相应的"事前、事中、事后"三个阶段职责，全区 53 个单位共编制权责事项 12 934 个。在此基础上，为每个权责事项编制详细的信息表和流程图，明晰了法律依据、运作流程、申请条件等多个权责要素。为了更好地执行清单制度，龙岗区将权责清单信息系统与审批服务统一平台、政府网站信息公开平台连接，实现政务服务事项的网上统一管理，接受群众监督，及时进行动态调整，规范行政权力公开透明运行。

第二，全区率先实行"一窗式"系统，打破行政部门之间壁垒。2016 年 7 月，龙岗区率先在全市完成了各级"一窗式"改革，即在不打破部门职能分工的前提下，将各部门的办事大厅和办事窗口集中向行政服务大厅和综合窗口整合，任何一个窗口都可受理（办理）所有事项，实现"一口受理，一窗通办"。目前，区行政服务大厅按商事登记、工程建设、综合服务三类主题设置了 30 个综合窗口。"一窗式"主要体现为两个层面，一是横向层级上，利用"互联网＋"理念，开发了覆盖区、街道、社区三级"一窗式"的信息化系统，凡是进入审批服务流程的事项，一律在系统中进行推送，并对审批服务事项的运行情况实行常态化监督，实时共享数据资源，简化办事流程；二是纵向项目上，无论是什么类型的事项，可以在一个窗口受理，打破行政服务壁垒，21 个通办事项，群众可在任何街道或社区办理，实现无差别服务。

第三，全区率先成立大数据统筹机构，实现基于数据分析的审批模式。采用最新的信息化技术，使用最先进的桌面云系统，实现数据集中化管理和安全性能的大幅提升。针对部门信息数据的条块分割、缺乏统筹和质量参差不齐等问题，通过整合相关职能和机构，成立大数据统筹机构，统筹推进龙岗区的数据共享运用。龙岗区运用大数据分析，探索主动精准服务，在南湾等街道试点，通过分析大数据信息，主动筛选出符合办理敬老优待证、高龄老人津贴等事项办理条件的人员信息，由网格员（网格志愿者）主动上门服务。

第四，推行"多规合一"的审批流程，实现项目审批的无缝化。在"一门式一网式"及"一窗式"改革的基础上，龙岗区针对制约政府投资项目推进效率的瓶颈问题，开展"多规合一"政府投资项目审批改革，建成了全区统一的"多规合一"系统，推动部门间关联数据共享，建立项目双向发起机制，优化项目预评价决策机制，建立"审批围绕项目转"的审批机制、以项目进度为导向的协同责任机制，改变"部门只管审批、不管项目进度"的被动审批模式。

第五，创新"电商式"政务服务模式，提高行政服务效率。借鉴电子商务服务模式，实行"网上预审、信任在先、即来即办"，探索全流程网上办理、主动服务、快递收送件的办理模式，推行线上线下资源共享、服务互补、运行同步。目前，已确定以社会投资重大项目备案、申办会计从业资格证、建筑垃圾准运等事项为试点，全面拓宽全流程网上办理事项范围，初步形成了政务服务线上线下"一盘棋"的格局。

第六，打通全区行政审批系统，推进行政服务一体化。龙岗区出台了《龙岗区政务服务一体化建设方案》，按照"分层办理"，法人类、工程项目类事项主要在区大厅办理，个人服务事项主要在街道、社区一级办理的原则，将39个区级事项下放至街道、社区受理。2015年6月，全区8个街道、111个社区全部建成行政（便民）服务大厅并投入运行，初步构建了分工清晰、各级联动、运行规范、管理一体、体验一致的区、街道、社区三级政务服务网络。推行三级政务服务场所、功能定位、机构设置、管理机制、名称标识的"五个统一"，推进服务事项、服务内容、服务标准、运行监督、信息化建设的"五个规范"，建立检查考评、经费保障、队伍建设、议事协调、文化建设的"五项机制"。

第七，不断巩固改革成果，推动行政服务标准化。以问题为导向，推动审批服务标准化。针对底数不全、标准不明、流程不清等问题，组织全区各单位通过电视、报纸、网络、问卷、座谈等形式，向社会公开征集意见建议7 300多条，反向推动审批服务标准化。同时，注重厘清权责划分，解决了区、街道、社区间权责不对等、职责不清晰、下放不规范、财权不一致、行政不高效等156个问题，进一步明晰了部门间权责界限。

三、案例分析

到底什么是"互联网＋政务服务"？从当前普遍性定义来看，它是基于并充分利用新一代互联网技术，通过集聚政府资源，建设统一开放共享的政务服务平台，将涉及政府对公民、法人、社会团体提供服务的政务事项进行整合重构，对政府传统的管理理念、职能结构和运行方法进行整合重构，进一步优化调整政府内部的组织架构、运作程序和管理服务手段，提升政府的综合管理效率和服务水平，建立政务服务的新发展观。"互联网＋"技术到底如何改变行政服务质量？任何技术都会存在缺陷，"互联网＋"技术又给行政服务带来了哪些新困惑和冲突点？

（一）深圳龙岗区"互联网＋政务服务"：改变了什么

深圳市龙岗区的"互联网＋行政服务"模式不仅仅是一次颠覆性的技术革命，更是一场思维方式、行为模式与治理理念的全方位变革。"互联网＋政务服务"并不仅仅是在技术和物理层面的改变，而是政府治理与服务理念的革新。事实上，"互联网＋政务服务"融合的深度，直接关系到政府职能转变、国家治理现代化的程度，主要表现在以下五个方面：

第一，服务立本的供给理念转变，注重互动性和主动性。地方政府行政服务中心是旨在将多项政府业务集中办理的载体，为民众提供了便利的服务。然而，在实践中，行政服务中心依旧充斥着传统的"官本位"思想，行政服务的实质是政府机构利用公权力进行的管制或者规制。因此，政府部门在此过程中是强势主体，相对地，公民是弱势主体，在行政审批的过程"黑箱"中，常常会导致低效率和低质量服务、寻租腐败等现象的产生。"互联网＋政务服务"直接冲击着政府机构部门的传统观念，它要求政府部门相关机构重新调整审批权力，进行"放、管、服"改革；要求政府部门公开服务信息，实现信息共享，减少信息不对称带来的弊端；要求政府部门简化行政服务流程，提高服务效率等。政策引导的方向经历了从惠民到简政、从信息共享到全面公开、从理念倡导到技术规范的多维度变化。"互联网＋"反向推动行政服务中心从信息发布到政务数据开放、从单向传播到双向互动、从被动浏览到主动服务、从单一门户网站到移动微端融合、从僵尸数据到大数据智慧挖掘，这将从根本上促使政府机构及其工作人员观念的转变，增强服务意识。

第二，信息运转的服务供给链条，注重公开性和透明性。较之传统的行政服务中心供给链条——以各个部门各自为政的模块式、碎片式服务，"互联网＋政务服务"通过信息的运转将横向的独立模块服务连接为纵向的畅通供给链条。在此过程中，信息公开和共享起到关键作用。它建立在门户网站时代和搜索与社交时代的基础上，以数据作为新的生产要素，将数据的创造、传输、应用直接渗透到社会经济的各方面，在数据的流动性不断增强的过程中使其使用的范围和自身的价值不断得到提升，进而使现代社会经济的运作效率得到不断的提高。从部门而言，它能打破部门之间的信息孤岛，推动部门间相互衔接，协同联动，变"群众跑腿"为"信息跑路"，变"群众来回跑"为"部门协同办"，变被动服务为主动服务。从层级和地域而言，在传统服务模式下公民需回到户口所在地进行相关手续的办理，周期长、效率低，并不能够满足民众的现实需要。但是在"互联网＋"时代，不同级别、不同区域的地方政府行政服务中心之间可利用互联网建立业务联系，跨区域办理业务的公民可直接通过常住地办理相关业务，并通过微信等沟通平台跟踪业务办理动态，打通跨区域服务。例如北京、上海、陕西现阶段已经利用互联网实现了婚姻登记信息共享，在相关法律出台和全国婚姻信息联网后，即可实现跨区域婚姻登记。

第三，技术支撑的服务供给流程，提高效率和流畅性。各个地方政府行政服务中心积极建设服务平台，并有效利用大数据、云计算，利用现代计算机多样化地展示沟通平台，将相关业务的发展动态、涉及范围等及时向外界展示，充分依托互联网新一代技术构建起全要素的"互联网＋政务服务"生态系统。该平台技术架构跨越了从内部政务信息化到终端服务互联网化的全面转型，其基础设施层优先依托政务云平台进行集约化部署；数据资源层有效整合了政务服务的核心板块——政务服务资源目录体系；而在用户及服务层上，"用户及服务层"是平台技术架构的表现层，基础设施层、数据资源层、应用支撑层、业务应用层起到支撑作用，极好地呼应了老百姓服务需求的注册、发布、申请、互动、查询及评价等诸多事项，并实现了多种渠道同步访问的诉求。

第四，需求导向的服务供给模式，增强个性化和回应性。在公共服务领域，由于传统政府政务服务在线供给的数量与质量还难以满足当前公众日趋多样化、个性化、品质化的服务需求，造成服务"需求外溢"，类似"提供的服务不需要，需要的服务找不到"的情况时有发生。而在"互联网＋政务服务"时代下，地方政府政务中心可利用官方微博、微信、APP等移动终端平台提供政府相关方面的信息，使公民第一时间掌握服务动态，可根据个人状况选择性办理。此外，该模式一方面有利于地方政府行政服务中心与公民进行有效沟通，可通过线上服务解决公民在业务办理过程中遇到的困扰；另一方面有利于行政服务中心及时、全面地掌握公民对服务结构、业务范围的需求，并结合需求提升服务水平和质量。

第五，公民驱动的服务评估模式，强化责任性和回应性。传统的行政服务中心的外部绩效评估基本是缺失的，也就是说外部公民或者组织缺乏反映行政服务质量好坏的途径，因而行政服务中心也就失去对服务质量改进的动力与依据。在"互联网＋"时代下，行政服务中心的服务评估模式发生了彻底的改变。首先，从事后评估变成时时评估。行政服务中心随时都处于公民的监督之下，通过在线的咨询、投诉等功能及时反映存在的问题，并要求相关人员做出回应和反馈，使地方政府政务中心的服务质量得到不断的优化。其次，评估方式的多样化。除传统调查问卷以及现场填写服务反馈表等形式之外，可以采用在网站进行政府相关决策、政务中心相关业务服务等方面的民意调查、电子投票等方式，并对其进行评估。最后，建立健全完善的外部绩效评估机制。建立评估指标体系，通过评估不断提升政务服务供给质量，进而改变政府的组织架构、服务模式。通过内部监督与第三方评估，以用户为中心升级技术体系，形成一个全新的智能化的政务服务体系。第三方评估作为一种客观的社会监督，提出了将服务方式完备度、服务事项覆盖度、办事指南准确度、在线服务深度、在线服务成效度等作为评估参考。

（二）深圳龙岗区"互联网＋政务服务"再审视：治理限度与伦理争议

"互联网＋政务服务"因上述的特征和优势在全国各地行政服务中心掀起了推进的

热潮，也一度成为研究者们和实践者们倡导的热点。但是，任何改革，尤其是以技术理性为基础的改革都有限度，需要对其进行冷静思考，从长远角度促进其合理化和规范化发展，最大限度地避免可能出现的矛盾与冲突。在"互联网＋政务服务"领域，可能会遇到以下几个争议点和难点：

第一，行政效率与政务安全的矛盾。效率的提升赖于技术带来的流程简化以及信息共享缩短的传播时限。但是，技术和信息运作也给政务服务安全造成了威胁。当前，网络安全已经上升为国家战略，网络安全成为"海、陆、空、天"之后的第五安全领域，而政府网站作为政府部门对外的窗口，具有较大的社会公信力和影响力，网络上承载着大量有价值的数据信息，常常成为被攻击对象，安全威胁呈现常态化趋势。根据国家互联网应急中心（CNCERT）的最新报告，2015 年 CNCERT 通报了涉及政府机构和重要信息系统部门的事件型漏洞近 2.4 万起，被篡改的政府网站有 898 个，被植入后门的政府网站有 3 514 个①。

第二，大数据发展与公民个人隐私保护问题。在大数据技术下，公民在网站上留下的任何痕迹都能被后台系统保存和提取。一方面为了提高服务质量，需要尽可能地收集公民相关信息和偏好，在信息充分的基础上做出服务改进方案；但另一方面，公民的个人隐私将暴露在公共空间中，这些数据甚至可能被其他组织所利用。这就是涉及技术发展带来的伦理问题，如何平衡两者之间关系，既能保证大数据战略的实施，又能保证公民个人隐私的安全性，是地方政府应该考虑的问题。其核心在于如何制定一套有关数据隐私保护的法律，规范数据的定义、发布范围、原则以及利用范围，以避免个人信息泄露②。

第三，政府的高积极性与公民的低参与度。"互联网＋政务服务"的提供不是政府行政服务中心单主体的责任，而是服务提供者与服务对象双重责任和互相沟通的结果，只有在两者都积极主动的状态下，才能实现"问题提出—结果反馈""需求表达—服务满足"，从而不断促进服务质量的提升。然而，在当前实践中，地方政府的主动性和积极性都很高，但是公民的参与度和参与积极性相对较低，他们还处于信息的被动接受方、很难掌握最新的沟通方式、少于表达自身对服务的态度和建议等。

本案例以深圳市龙岗区行政服务中心的"互联网＋政务服务"改革为例，展现新的时代主题下技术是如何从各个层面影响行政服务质量的。但是本案例的最终目的在于从更深层次反思技术治理可能带来的弊端，这是对当前大数据热的反思，以期对地方行政服务中心"互联网＋政务服务"的下一步改革提供借鉴。

---

① 张瑜，孙宇，罗玮琳．"互联网＋政务服务"：五个论域的冲突与平衡．行政管理改革，2017（5）：54－59．
② 陈明奇．大数据国家发展战略呼之欲出——中美两国大数据发展战略对比分析．人民论坛，2013，10（15）：28－29．

【思考题】

1. 简单评价"互联网＋"对政务服务带来的影响。

2. 结合理论与实践，谈谈如何化解"互联网＋政务服务"带来的治理限度和伦理难题。

3. 思考如何引导公民参与到政务服务质量改进中，提升公民参与能力和参与积极性。

深圳市龙华新区网格化管理项目实施：
多部门协作及其机制建设①

曾锡环
（管理学院公共管理系）

【摘　要】本案例描述了深圳龙华新区网格化管理项目实施中多部门协作的过程：深圳龙华新区以社工委作为牵头单位，组成社会建设"织网工程"建设领导小组，多部门共同协作，统筹实施网格化管理的"织网工程"项目。在社会建设"织网工程"这样的网格化管理项目实施中，涉及不同层级政府、多个不同利益的部门和单位，各级政府与部门在项目推进中如何摈弃各自原有的工作习惯、模式和成见，如何共同协作与推进网格化管理的"织网工程"项目实施，是一个比较典型的基层多部门协作治理案例。本案例描述了深圳龙华新区网格化管理项目实施中的多部门协作管理过程，对其协作治理中的协作障碍、障碍存在原因、协作机制的进一步优化方案进行了描述，为教学提供了一个地方政府多部门协作治理的管理学案例。

【关键词】网格化管理　"织网工程"　多部门协作　协作机制优化

伴随着我国城市化进程的快速推进，城市社会管理创新逐渐成为社会各界关注的热门话题，其中，数字城市建设、社会治理技术化和城市管理体制变革交织在城市社会治理中，汇成了城市社会管理"网格化"的管理潮流，网格化管理成为一种时兴的社会治理方略。作为迅速发展起来的国内最大移民城市，深圳面临的社会治理问题更为严峻，为应对挑战，深圳创新采用网格化管理的重要治理手段（社会建设"织网工程"）。龙华新区（简称"新区"）作为流动人口比较集中的区域之一，在网格化管理项目的推进和实施中，走在深圳各区前列。在项目实施中，该区不同层级政府、多个不同利益的部门和单位既有协作的需要，也有协作的困难，如何跨越障碍、优化协作机制，是本案例重点要关注的问题。

一、龙华新区网格化管理项目的实施背景

自中华人民共和国成立特别是改革开放以来，中国城市化速度逐年加快。据统计，

---

① 2016年10月，国务院同意广东省设立深圳市龙华区和坪山区，龙华新区和坪山新区由功能区转成为深圳行政区，名称改为"龙华区"和"坪山区"。

从 1900 年以来，英、美、法等西方发达国家城市化水平从 20% 提升至 2012 年的 70%，用了 100 余年；而中国仅仅用了 30 余年，城市化水平已由 1978 年的 17% 快速提升至 2012 年的 52%。同时，中国流动人口总量逐年增多，占总人口比例逐年增大。1995 年，我国流动人口仅有 5 000 万人，占总人口比例 3.95%，而 2014 年 11 月 18 日国家卫生健康委员会发布的《中国流动人口发展报告 2014》显示，2013 年末，全国流动人口达 2.45 亿，超过总人口的 1/6。急剧的城市化发展和流动人口的大量增加，使得城市服务和管理难度大大增加，而传统的粗放式城市管理和服务模式显然无法适应，这表现为城市基础设施保障能力不足，城市宜居便利性不足，城市服务高效性、敏捷性不足，城市信息全面共享、充分整合能力不足，城市管理智能化不足，城市信息全面感知能力不足，社会治理能力现代化不足等。

深圳作为中国最大的移民城市，资源、土地、环境、人口等问题和矛盾显得尤为突出。改革开放以来，随着城市化和工业化的不断推进，外来人口的剧增，给城市的管理者在社会治理、城市及流动人口的管理以及公共服务的提供方面带来严峻的考验。在此背景下，网格化管理成为必然选择，深圳市借助大数据信息技术的发展，提出了创新性的网格化社会治理工程。

1. "织网工程"的提出和发展

2011 年 1 月，市委、市政府 1 号文件《关于加强社会建设工作的决定》，首次提出了社会建设"织网工程"的概念。

2012 年 8 月，深圳市社工委经过调研，确定南山区招商街道、龙岗区南湾街道作为全市"织网工程"试点街道，为全市探索社会建设路径，创新基层社会服务管理模式。

2013 年 4 月，在市社工委牵头和各部门配合下，完成了全市公共信息资源库、社会管理工作网、社区家园网的初步搭建，并开始为组建全市网格队伍做准备工作。同时，坪山新区被确定为全市"织网工程"区级综合试点，根据市社工委顶层设计，搭建"一库两网一队伍"的基本框架，后在试点过程中不断完善，逐渐升级为"一库一队伍、两网两系统"（见图 1）。坪山新区试点完成了多项创新，如首次实现"一库两网两系统"的集成联网运行；通过市公共信息资源镜像库，首次获得了市直有关部门人口、法人、社保、就业等权威业务信息，为新区制定公共政策提供了科学的数据支撑；通过坪山新区网格化信息管理模式的成功运作，首次实现了"横到边、纵到底"的实有人口、法人、房屋（城市部件）、矛盾纠纷和问题隐患事件的统一采集。

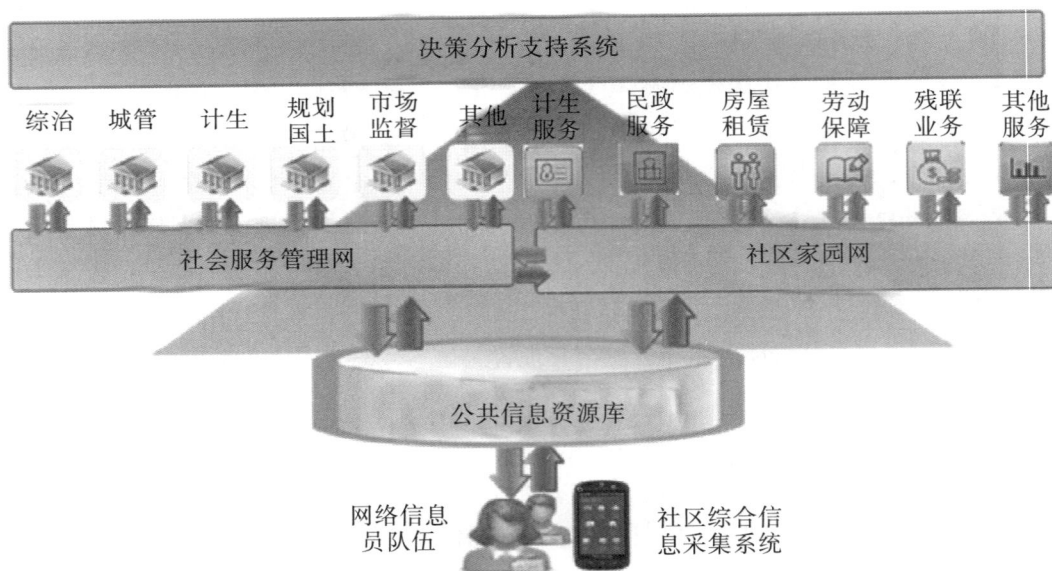

图 1　"织网工程"基本框架

（资料来源：深圳市社工委）

2013 年 11 月 5 日，深圳市召开"织网工程"工作会议，总结社会建设"织网工程"的基本情况，学习推广坪山新区综合试点工作经验，对"织网工程"进行了全面部署。会议由市长许勤主持，市委书记王荣强调要着眼于推动服务性政府建设、着眼于更好实现"信息共享"、着眼于优化工作体制机制、着眼于提升基层队伍管理水平，进一步推进社会建设"织网工程"。会上还以深圳市委办公厅、市人民政府办公厅的名义联合印发了《关于全面推进社会建设"织网工程"的实施方案（试行）》（深办〔2013〕7 号），明确按照"一库一队伍，两网两系统"的基本架构（如图 1 所示），建立一个跨部门、跨层级、跨区域的"织网工程"协作工作平台。到 2014 年末，完成"织网工程"的基本框架的建设和试运行，实现市、区、街道、社区四个层级的数据互联互通和信息资源共建共享。从 2015 年起，严格遵循社会建设"织网工程"的统一实施标准，在社会管理和服务民生领域开发更多的便民服务应用，提升城市建设的网格化管理水平，为百姓居民提供更优质的服务。

2. "织网工程"的基本内容

深圳市重大社会建设创新项目"织网工程"，是通过网格化的精细管理，信息资源的共建共享，以实现公共服务保障能力的提升以及城市精细化管理水平的提高，为智慧城市的建设提供更科学的决策支持。其核心思想是将各区各部门服务管理采集到的信息数据统一汇集到公共信息资源库中，通过网格信息员队伍采集的信息进行数据比对，实现各区各部门业务系统的资源共享和大数据挖掘，提升公共服务效能和城市管理精细化程度。"织网工程"主体建设内容是"一库一队伍，两网两系统"，以形成覆盖市、区、街道、社区四级的"织网工程"综合信息系统为目标。

（1）建设全市统一的公共信息资源数据库。公共信息资源库分为三部分：第一部分是由人口、法人（机构）、房屋以及城市部件组成的基础数据，这部分数据是由网格信息员上门采集得到的，并通过了相关部门业务数据的关联比对；第二部分是由问题隐患和矛盾纠纷组成的事件信息；第三部分是市、区、街道各部门在业务受理时采集的业务数据。各种形式采集的数据直接进入到市公共信息资源镜像库中，再由市统一划分各区的信息数据，建立区级公共信息资源库。

（2）划分基础网格，整合组建网格信息员队伍。以"所属区域进行管理、各街道巷弄划定界限、网格规模大小适中、不重叠无缝隙、可动态调整"为原则，结合社区类型、人口数量等情况，通过信息采集工作量的科学测算，将各社区划分为若干个基础网格。网格划分工作要由各区网格管理机构会同规划国土、计生、公安、民政、城管等部门，按市统一标准组织实施，并报市网格管理机构备案。按照"一格一员、定格定责、工作量均衡"的原则，整合了流动人口出租屋综管、计生、城管、劳动、安监等多支现有的信息采集队伍，组建为一支全区统一的网格信息采集队伍。网格信息员在网格内负责基础信息的采集和事件信息的上报核查，并上门为居民提供服务和便民信息的宣传，在社区综合党委、居委会、工作站、物业管理公司、社区民警、楼长和志愿者的协助下，实现网格单位内居民自治的新常态。

（3）拓展社会管理工作网，完善社区家园网。将社会管理工作网继续深化拓展，在不改变原有事件受理、分拨处置、考核闭环的业务系统前提下，将事件信息进一步梳理，形成事件分级分类的分拨运行机制，增强各级各部门之间的联动协作，实时、动态、全面地了解到基层问题隐患和矛盾纠纷的事件信息，对各类事件进行及时的处置。在全市社区家园网的统一管理平台上，根据每个社区的特色和居民的需求，为居民开发设计社区家园网，提倡个性化功能服务。通过宣传引导居民使用社区家园网，为居民提供便民服务事项，组织开展社区活动，增加居民对社区家园的黏度，提升社区管理服务水平，实现社区自治的新局面。

（4）建设社区综合信息采集系统。统一信息采集内容、方式和传输路径，为网格信息员配备移动智能采集终端，安装、使用全市统一的社区综合信息采集系统终端软件。网格信息员通过使用移动智能采集设备采集网格内的人口、法人等基础信息和各类问题隐患、矛盾纠纷等事件信息，社会管理以服务民生为主导，将教育、卫生、就业、住房等社会建设领域中现有的系统，接入"织网工程"统一工作平台，并基于市公共信息资源库拓展二次应用开放，形成统一的社会建设电子政务应用体系。将去隐私化的政务信息数据逐步向社会开放，鼓励公众和企业合法使用这些基础数据，开发更多促进社会进步的服务应用。

（5）开发决策分析支持系统和专题应用。按照"统建统管、建用分离"的要求，依托市基础信息资源库统一开发市级决策分析支持系统，为市直各部门提供与电子地图关联的人口、法人（机构）、房屋、城市部件等基础数据和事件信息的查询、统计、分析服务。市各部门和各区基于市基础信息资源库精确数据，结合需求，进行各类大数据专题分析应用的开发。

二、龙华新区网格化管理项目实施涉及的机构与部门

（一）深圳龙华新区基本情况

龙华新区于 2011 年 12 月 30 日正式挂牌成立。龙华新区地处深圳中部，南接福田中心区，西连宝安、光明，东邻龙岗，北与东莞交界，下辖观澜、大浪、龙华、民治 4 个办事处，是深圳乃至珠江三角洲地区重要的产业基地，是华南高铁的主要枢纽，在珠江三角洲地区转型发展大局中具有重要战略地位。辖区总面积 175.58 平方公里，下辖 4 个街道办事处、36 个社区工作站。作为人口大区，实际管理人口 286 万，倒挂比例 22∶1，居全市最高，且区内低学历、低收入的人员多，社会管理难度大。

（二）龙华新区网格化管理项目涉及部门

推进网格化管理模式的改革是一个庞大复杂的系统工程，几乎牵涉了龙华新区所有直属政府部门和下属街道办事处，甚至还包括几乎所有的驻区单位。要成立新的网格管理机构、重新梳理划分各职能部门事权、整合多个部门基层工作队伍，需要组织人事部门牵头；要建设公共信息资源库、社会管理工作网、社区家园网、决策分析系统及其他软件，需要负责信息化的经济服务局；要整合出租屋综管员、计生专干、数字化城管、劳动、安监等基层协管力量，需要这些队伍归属的综合办、公共事业局、城市管理局、社会建设局、经济服务局配合，甚至涉及纪检监察局。由于"织网工程"事件统一分拨平台的建设需要引入绩效评价和监督系统，而龙华区属于新区，因此在深圳市实行大部制的基础上，龙华新区实行"大部制中的大部制"，除公安、市监、社保等部分驻区单位外，区级直属部门高度整合为 10 个机关单位和 3 个事业单位（详见表1）。

表1　龙华新区社会建设"织网工程"有关政府部门与单位一览表

序号	政府部门或单位名称	单位性质
1	综合办	机关单位
2	纪检监察局	机关单位
3	组织人事局	机关单位
4	社工委	机关单位

（续上表）

序号	政府部门或单位名称	单位性质
5	发展和财政局	机关单位
6	经济服务局	机关单位
7	社会建设局	机关单位
8	公共事业局	机关单位
9	城市建设局	机关单位
10	城市管理局	机关单位
11	规划土地监察大队	事业单位
12	机关后勤服务中心	事业单位
13	建设管理服务中心	事业单位

（三）深圳龙华新区"织网工程"实施行动

接到推进社会建设"织网工程"任务后，龙华新区社工委作为牵头单位，迅速组织工作力量调研征求意见，制订了《龙华新区关于全面推进社会建设"织网工程"的实施方案（试行）》（以下简称《实施方案》）。2014 年 1 月 2 日，新区召开全区社会建设"织网工程"工作会议，新区党工委委员，各直属单位、驻区单位、各办事处主要负责同志、分管负责同志，新区、各办事处相关科室负责人及业务骨干，新区各工作站站长、居委会主任、社区服务中心负责人等 300 余人参加会议。会上印发了《实施方案》，确定 1—3 月为办事处试点阶段，民治办事处作为试点街道先行试点；4—6 月各办事处全面推广，全区试运行；7—12 月为完善阶段；2015 年 1 月起正式运行。

1. 设立工作机构

会上成立了龙华新区社会建设"织网工程"工作领导小组，以协商、研究和推进"织网工程"中遇到的重大问题。领导小组由党工委书记任组长，管委会主任任常务副组长，党工委副书记任执行副组长，四个党工委委员任副组长，成员由新区各相关单位（含街道办事处）主要负责人组成。领导小组下设办公室，设在社会工作委员会，社工委正处级专职副主任担任办公室主任，负责统筹协调、整体推进龙华新区社会建设"织网工程"工作。在领导小组的领导下，设立统筹协调工作组、信息化建设工作组、网格机构及队伍建设组、网格划分工作组、社会管理工作网建设工作组、社区家园网建设工作组六个专项工作组，负责推进专项工作。专项工作组分别由几个党工委委员任组长，明确责任单位和协办单位，各责任单位（牵头单位）负责人任副组长。

2. 建立会议制度

《实施方案》还建立了龙华新区社会建设"织网工程"领导小组会议制度及各专项工作组会议制度。按照方案要求，专项工作组每两周召开一次以上会议，领导小组每月召开一次以上会议，听取工作汇报，研究解决疑难问题。同时，建立信息报送、工作简报、工作督办制度，及时公布工作进展情况，提出下一步工作重点，学习研究各地先进经验。

3. 确认部门工作职责

在明确工作目标的基础上，方案对社会建设"织网工程"的工作任务进行了具体的安排，并且明确了各部门工作职责，以及每项任务的具体牵头单位和协办单位。

表2　龙华新区社会建设"织网工程"工作任务分工一览表

任务类别	具体工作	责任分工	牵头单位	协办单位
（一）建设新区公共信息资源库	（1）建设新区公共信息资源库	统筹协调工作组	社工委、经济服务局	综合办、发展和财政局等
	（2）建立信息共享机制； （3）建立信息互认机制； （4）建立信息安全维护机制	统筹协调工作组	社工委、经济服务局	综合办、发展和财政局等
（二）完善新区网格化服务管理模式	（5）成立网格管理机构	网格机构及队伍建设组	组织人事局	综合办、社工委等
	（6）合理划分社区网格	网格划分工作组	综合办	社工委、公共事业局、城市管理局等
	（7）整合网格信息员队伍	网格机构及队伍建设组	组织人事局、综合办	社工委、发展和财政局等
	（8）建立网格管理跨部门联席会议制度	统筹协调工作组	社工委	综合办、组织人事局、经济服务局、城市管理局等
（三）建设社会管理工作网	（9）纵向连通市、区、办事处、社区四级社会管理工作网信息系统	社会管理工作网建设组	综合办	社工委、城市管理局、经济服务局等
	（10）横向连通社会管理工作网信息系统	社会管理工作网建设组	综合办	社工委、经济服务局等

（续上表）

任务类别	具体工作	责任分工	牵头单位	协办单位
（三）建设社会管理工作网	（11）对接各类接受群众诉求反映的渠道	社会管理工作网建设组	综合办	经济服务局、组织人事局等
	（12）强化处理及监督机制	社会管理工作网建设组	综合办、纪检监察局	社工委、经济服务局等
（四）建设社区家园网	（13）完善网上便民服务	社区家园网建设组	社会建设局	综合办、社工委、经济服务局等
	（14）搭建社区网络自治平台	社区家园网建设组	社会建设局	综合办、社工委、经济服务局等
（五）建设社区综合信息采集系统	（15）统一信息采集方式	统筹协调工作组	社工委、综合办	经济服务局等
	（16）统一信息传输路径	统筹协调工作组	社工委、综合办	经济服务局等
（六）建设决策分析支持系统	（17）开发综合决策支持应用功能	统筹协调工作组	社工委、综合办	经济服务局等
	（18）分类开展主题应用开发	统筹协调工作组	社工委、综合办	经济服务局、发展和财政局等
	（19）开发决策分析系统的移动应用	统筹协调工作组	社工委、综合办	经济服务局等
	（20）积极拓展二次应用开发	统筹协调工作组	社工委、综合办	经济服务局等

资料来源：《龙华新区关于推进社会建设"织网工程"的实施方案（试行)》

4. 网格划分及队伍整合

一是印发《社会建设"织网工程"社区网格划分工作实施方案》，根据房屋使用用途分为城中村出租屋、花园式小区等八种类型，全面摸排新区房屋总数为 8.63 万栋、163.2 万套，并邀请清华大学深圳研究生院研究团队，科学完成新区社区基础网格划分工作，将全区划分为 2 720 个基础工作网格。二是在不增加人员编制的前提下，按照"一格一员、定格定责"的原则，以民治办事处为试点，以出租屋综管员队伍和计生专干为基础，组建网格信息员队伍，业务上整合安监、劳动及数字化城管等，并制定完善了网格信息员管理考核等规章制度。

5. 实施"织网工程"综合试点工作

民治办事处作为龙华新区试点，圆满完成了市规定动作，搭建了龙华新区"织网工程"的基本框架，并做出了多项探索和创新，为龙华新区"织网工程"的全面铺开积累了经验。民治办事处试点工作实现了三个"升级"：一是实现信息采集系统优化升级。新增计生模块和经济普查模块；调整安监、劳动隐患事件采集分类，与社会管理工作网系统中的 13 大项、127 小项采集项目形成业务对应。二是实现社会管理工作网效能升级。新增对接服务模块和管理模块，对接 12345、社区家园网论坛等各类接受群众诉求反映的渠道。三是探索实现特色便民服务优化升级。探索证照库建设，推进居民个人信息电子建档工作；推进租赁合同电子化；推进居民个人信息有序开放工作。

三、深圳龙华新区网格化管理项目实施的初步成果

经过半年多的推进，龙华新区社会建设"织网工程"完成了大量基础性工作，各项工作进展较为有序。

1. 建立了龙华新区公共信息资源库

一是在市库基础上建设了龙华新区公共信息资源镜像库，实现了人口、法人、房屋、城市部件等基础信息和事件信息正常回流；二是放置在市的公共信息资源库服务器通过安全评测，开始对新区的基础数据进行数据导入和调试部署；三是在充分调研新区信息化现状的基础上，印发新区《社会建设"织网工程"信息化建设实施方案》。第一期建设项目已完成招投标程序，并完成了部分基础信息系统建设工作。

2. 建立了龙华新区社会管理工作网

在纵向连通市、区、办事处、社区四级社会管理工作网信息系统的基础上，对工作网系统进行升级，完成与社会管理、综合治理相关的群防群治、事件管理子系统开发，也即将完成关注人群、人民调解、基础数据等其他子系统模块，进一步丰富和完善系统功能内容。

3. 建立了龙华新区社区家园网

一是实现社区家园网全覆盖。新区 36 个社区家园网全部完成平台搭建并上线，各站点均已建立了日常信息录入队伍，并建立了日常活动上网机制，初步完成了社区家园网的日常信息的更新录入工作；二是进行了页面优化，实现了信息发布、网上议事诉求、社区活动报名、网上办事等功能；三是着力打造了具有新区特色的移动终端应用，部分试点社区完成了微信平台建设，初步建成了以居民为中心、以服务为导向，贴近居民生活的社区家园网服务平台。

4. 建立了龙华新区社区综合信息采集系统

一是率先完成了新区社区信息综合采集终端 PDA 及 3G 通信服务采购招标。二是在实有事件内新增了数字化城管大类及矛盾纠纷、问题隐患事件细类项目，基础信息中新增了企业法人的信息采集内容，扩充了计生采集项，实现个人建卡功能。

5. 建立了龙华新区决策分析开发系统

摸清了新区现有数据存量、类别及特点，与多家大数据分析机构接洽，明确了决策分析系统的重点内容。一是正在开发教育、医疗、社保等社会服务类系统，在中小学学位需求分析、社康站布局等方面已初步发挥参考作用；二是调研了社会管理类决策需求，拟建设安全预警、信访维稳、治安防范、城管隐患、企业信用等五大系统；三是汇总了新区各相关职能部门、各办事处为民办事办证流程，建立了台账，为下一步数据互通、证照共享、简化流程奠定了基础。

四、龙华新区网格化管理项目实施的多部门协作障碍

虽然龙华新区社会建设"织网工程"网格化管理推进取得了较好的成效，但在具体实施中，系统工程牵涉单位较多，现有行政体制和网格化运行机制未完全理顺，导致项目实施中存在不同程度的协作障碍或协作问题，如进度未按预期完成、部分工作缓慢拖沓、部门间沟通衔接不畅、事件处置压力加大、协调配合不力等。通过对相关人员进行访谈，结合有关资料，对障碍与问题进行了综合梳理，主要归结为以下四个方面：

1. 组织领导中的协作障碍

按《实施方案》要求，领导小组各专项工作组每两周召开一次以上会议，领导小组每月召开一次以上会议，实际上却未能按此运转。从 2014 年 1 月 2 日召开新区社会建设"织网工程"工作会议，并正式印发《实施方案》以来，除由新区党工委副书记（执行副组长）召集相关部门每季度召开协调会听取工作进展、解决困难问题外，从严格意义上来讲，由领导小组组长、常务副组长、执行副组长、副组长参加的领导小组会议一次也没有召开过；各专项工作组除统筹协调工作组召开一些会议以外，其他五个专项工作组也基本未召开会议。

"成立领导小组按照新区要求是报组织人事部门审核的。但现在的问题是，每个部门都说自己工作很重要，很多也确实依赖领导的权威才能推动，这些工作任务都要成立领导小组，领导也不能说偏重哪个工作是吧？所以很多领导小组都是这么成立了。但是基本都是由部门自己去协调、去完成的，真的推不动了，或者分管领导觉得真的有必要亲自出马了，才会去召集开会协调解决。分管领导之间有要协调的，打个电话或者坐一起

沟通一下就解决了，很少有真正需要新区党工委书记出面的。"①

领导小组的作用不能得到有效发挥，网格化管理项目的推进会受到诸多阻碍。部门间分歧无法被解决或快速被解决，不仅使项目推进进度变缓，也对整体推进质量有所影响。

2. 整体推进中的协作障碍

根据方案要求，2014 年 4—6 月为全区试运行阶段，要求各办事处全面推广民治办事处试点经验，完成"织网工程"综合信息系统在新区、办事处、社区的三级部署，按照"织网工程"要求采集公共基础信息，完成全区所有网格划分、网格管理机构组建与网格信息员队伍整合、PDA 使用培训等工作 [《龙华新区关于全面推进社会建设"织网工程"的实施方案（试行）》]。但事实上，由于新区各部门之间、各部门与办事处之间协作不够顺畅，部分工作迟迟无法推进。例如，直到 11 月，未实行试点的几个办事处仍然未完成网格管理机构组建、网格信息员队伍整合，也未开始 PDA 信息采集，新区机构设立、信息化建设等多项工作完成也均有所滞后。

"我们要等上级的规定，现在成立机构是比较敏感的，组织人事局不发文，我们街道组织人事科也不敢擅自成立这样的部门。……民治办事处采集信息的事我们听说了，但是我们没有成立机构，网格信息员怎么配、薪酬多少都没定，领导也说接下来还是要等区里的通知。"②

3. 横向沟通中的协作障碍

政府内部多部门协作有两种方式：一是横向协作，二是纵向协作。横向协作的主体为平级地方政府，如省政府 A 与省政府 B、市级 A 部门与 B 部门等。平级地方政府具有不同的行政管辖权，协作需在平等、自愿的基础上进行，这也是横向协作的最大特点。因此，同级部门能够配合完成网格化管理任务，在很大程度上依靠协作机制作用的发挥以及部门间沟通。在访谈中，笔者发现网格化管理项目实施中横向部门间主要存在两个问题，即工作模式改变后事件处置环节压力增大和部门间在协作工作上相互推诿。

（1）事件处置环节压力增大。

网格化管理实施后，信息量和处置力量不匹配的矛盾浮出水面。具体表现为信息采集能力明显提升，但事件处理效率的相对不足，势必影响社会管理能力的整体水平。过去的管理体制中，业务部门限于工作力量不足，很多事件以及隐患信息少报、瞒报现象长期存在，还有些部门"选择性处置"，即对相对重大的、影响较大的隐患问题进行处置，较小的则不予理睬。实行网格化管理后，事件采集与办理分离，网格信息员不受业务处置部门的干预而独立进行信息采集，大量长期存在的隐患信息或原先不在处置部门视野中的小微隐患信息浮出水面，不但处置部门压力陡增，还造成考核部门（社区网格

① 见访谈资料编号 XQSG20140810 - 012。
② 见访谈资料编号 XQDL20141114 - 002、XQDL20141114 - 003。

管理中心）与被考核部门（业务处置部门）的关系紧张、协调阻力加大。

访谈中某派出所民警就抱怨道："深圳公安警力严重不足是众所周知的，我们平常管理辖区治安已经疲于奔命了，但身上还有消防安全隐患的管理和处置职责，比如哪个居民家里装了直排式热水器，哪个居民家门口的垃圾堵塞了消防通道，这些也归我们管。每个人的辖区范围那么大，怎么能处置得过来呀？"[1]

市场监督管理局某科的工作人员也提到："我们只有5名工作人员，却要管理全区包括15 164台电梯在内的24 000余台特种设备，管理力量先天不足，如果无论大小的安全隐患都采集了报到我们这里，还要对处置结果进行考核，那我们肯定被海量信息给淹没了。"[2]

新区社区网格中心的数据也显示，网格化管理运行以来网格平台上的问题积压过多，难以及时解决。而这些积压的问题，大都由部门间难以协调造成。

（2）部门间在协作工作上相互推诿。

如关于哪个单位应作为信息化建设牵头单位的问题，社工委与经济服务局就曾发生分歧。经济服务局认为自己是信息化项目审核部门，不能作为建设主体。"我们主要是审各单位报上来的信息化项目的，如果我们自己建自己审，那岂不是既是裁判员又是运动员？况且我们信息中心目前只有一个工作人员，新区刚成立，信息化工作是一张白纸，机房要建、网站要建、办公系统要建，那么多活儿怎么忙得过来？"[3]

社工委认为自己是"织网工程"统筹协调部门，不负责具体信息化建设，且缺乏信息化建设的专业技术力量，不可能承担此项工作任务。"这种全区性的信息化工作不同于他们要审核的日常的信息化项目，全局性、专业性很强，我们想做也没那个能力。我们当时就提出了第二个方案，就是我们也可以自己承担，但是经济服务局得借调一个人给我们，我们没有懂信息化技术的，写项目书都没人，更不用说跟技术公司对接、还要监督他们去建设了。"[4]

在多次协商无果后，两个部门提交新区领导决策，最终确定由经济服务局牵头负责、社工委辅助，经济服务局信息中心也随后加紧招聘人员，充实了一部分工作力量，缓解了一部分工作压力。

4. 纵向贯彻中的协作障碍

政府内部纵向协作的主体为上下级政府，例如，省级政府与所辖市级政府，某部门的区级单位和街道层级单位。这种上下级政府部门间的协作表现为以上级部门为主导，下级政府负责配合和辅助。在科层制管理下，下级单位绝对服从上级单位，贯彻过程不

① 见访谈资料编号 XQGA20140916-008。
② 见访谈资料编号 XQSC20140916-023。
③ 见访谈资料编号 XQJF20140618-009。
④ 见访谈资料编号 XQSG20140623-014。

应存在问题。但若牵扯到多个上级单位，或碰触到下级单位核心利益时，纵向贯彻协作障碍就会产生。

例如在网格化服务管理模式推进的关键环节，根据项目实施要求，各办事处需撤并一个事业单位，腾出机构编制成立社区网格管理中心，由于涉及编制、机构等根本性利益问题，各办事处领导班子其他成员因不分管此项工作，不能认识到"织网工程"改革项目的重大意义，经多次做工作后，有的办事处仍然不愿撤并单位，最终采用挂靠其他单位的折中办法，致使政策实施有妥协、"打了折扣"。

访谈中某街道领导即表示："我也觉得成立这个机构是很有必要的，将办事处各类事项信息的渠道统一整合起来，用这么一个权威机构统一分派出去，减少信息重复报送问题。但是你说撤哪个部门呢？每个部门都有那么多工作人员，讲起来每个领导都能说出他分管的机构存在的必要性，很难说同意成立你这个、撤销他分管的那个。"①

五、龙华新区网格化管理项目实施多部门协作障碍的原因

龙华新区社会建设"织网工程"项目实施中存在不同程度的协作障碍或协作问题，经过调查和访谈，笔者总结这些协作障碍背后的原因，主要有以下几个方面：

（一）协作障碍的机制性因素

1. 协作机构的领导兼职过多，忙不过来

网格化管理的模式改革千头万绪，需要协调上下左右各个单位同意并参与其中，若领导机制作用发挥不够，则碰到问题时，各部门之间必然会有繁复的沟通协调工作，势必会影响改革进度。

作为领导小组组长的党工委书记，负责新区全局工作，且身兼多个领导小组组长职务，不可能有足够精力去参与各个项目。实际上，即使是真正负责牵头推进工作的领导小组执行副组长，即新区党工委副书记（兼社工委主任），也同时分管发展和财政、民政、社会事务、劳动、综治、安全生产等多项工作，每月甚至每半月召开一次会议研究项目相关工作也很困难。随着政府职能的不断膨胀，依靠领导个人协调工作的难度逐渐增加，领导的能力、精力日趋显得无法应对。这导致领导小组的指挥决策并未真正发挥出其应有效能。

2. 合作协议的出台缺乏充分的沟通和协商

"织网工程"的实施虽由社工委最先起草方案，也通过会议进行了讨论，但《实施方案》的详细内容并未经各部门广泛商讨共同制订，而只是向各单位发函书面征求了意见。这在一定程度上导致了其他部门对自我身份和职责缺乏认同，没有以较高的热情和

---

① 见访谈资料编号 XQDL20140916 – 025。

积极性参与其中。

（二）协作障碍的职责性因素

多部门协作障碍的职责性因素表现在：

1. 《实施方案》对各部门职责的约束性弱

《实施方案》作为龙华新区实施社会建设"织网工程"项目的纲领性文件，对各单位职责分工、完成时限等进行了详细规定，由新区党工委会议审议通过并正式印发，在新区范围内具有其法定效力。但是在现实中，由各单位牵头制订并经党工委会议审议通过的方案、文件数不胜数，其权威性自然大大降低。

各部门均有其部门业务工作，并不会把其他部门制订的工作方案作为必须马上配合完成的工作任务，只有在其他部门工作涉及本部门绩效或本部门领导干部的绩效考核时，才会积极配合。

因此，即使《实施方案》对各部门工作任务有详细分工，各部门主动按照时间节点去完成的动力不足。

2. 统筹协调常设机构缺乏行政权威

领导小组虽然形同虚设，但一般会设立领导小组办公室，具体执行统筹协调任务。但该部门往往与其他部门平级，并没有足够的行政权威。

（三）协作障碍的信息性因素

组织内部成功搭建信息共享平台和有效的沟通机制，是多部门合作的保障。如果信息共享平台和沟通机制没有成功建立，各部门无法针对工作内容和进展程度进行沟通，将导致重复工作或工期拖延。龙华新区实施社会建设"织网工程"项目实施中，事前的沟通制度没有建立，常常采取临时方式解决问题，缺乏定期会议和进度公示制度，各相关单位常常不知道总体工作进展情况，信息共享不足进一步导致了工作的重复及部分工作进程的拖延。

（四）协作障碍的激励性因素

协作障碍的激励性因素表现在如下三个方面：

1. 部门参与动力不足

在职责确认机制未充分发挥作用的前提下，部门间的合作受合作收益、合作成本等因素的影响。

从部门利益动机出发，部门选择合作是基于合作收益大于合作成本的，且合作的收益能被有效地分配。龙华新区实行网格化管理对各部门的利益其实是不相同的，有的部门受益，如新成立的社区网格管理中心，但有的部门利益在一定时期内存在一定程度的损失，如计生、数字化城管等被整合部门，这导致有些部门的协作动力不足。

对合作收益的认识也会影响有效合作。在龙华新区网格化管理的推行中，有部门就提到，"社工委是牵头单位，基本功劳就是社工委的，领导说'织网工程'的成绩总是提到社工委，我们配合部门也出了力，却好像没我们什么事"。这使得横向沟通出现困难。

2. 部门工作人员动力不足

对直接参与网格化管理的工作人员来说，龙华新区部分存在个人动力不足的问题。访谈中某部门工作人员提到，龙华新区采用大部制，管辖人口接近 300 万，但因为是功能区，公务员编制只有 300 多人。一般来说，管辖 300 万人的已经是大城市了，公务员编制均超过千人。人员编制不足，新区各部门工作人员长期处于 "5 + 2" "白 + 黑" 状态，能做完本职工作就不错了，对于新增工作量，很多工作人员更是持 "多一事不如少一事" 的工作态度，且由于公务员加班并无加班费，大家没什么积极性。协作工作的动力可想而知。

3. 绩效考核不具有合作激励性

参与激励是激励政府部门参与合作的重要因素。龙华新区社会建设 "织网工程" 项目实施的工作体制中，是否配合牵头部门完成工作任务，往往并不会列入本部门考核范畴，也不会成为该部门或部门领导的业绩。这造成协作单位并不会有太大动力去配合，工作经常流于应付。

龙华新区网格化管理项目实施的协作障碍，涉及机制性因素、职责性因素、信息性因素、激励性因素等多个方面，由此，影响龙华新区社会建设 "织网工程" 项目的多部门协作推进。

六、龙华新区进一步完善网格化管理项目实施的多部门协作机制

围绕深圳龙华新区推进和实施网格化管理项目，实行多部门协作的经验、问题与原因，深圳龙华新区以社工委作为牵头单位，将如何共同协作与推进网格化管理的 "织网工程" 项目实施作为一个重要课题进行研究，从领导协调、部门职责确认、信息共享、合作激励四个方面入手，制订深圳龙华新区社会建设 "织网工程" 政策项目实施的多部门协作优化方案。方案内容要点归纳如下：

（一）协调机构实现 "三个统一"，加强协调的权威性、规范性和科学性

网格化服务管理模式成败的关键就在于能否建立这样一个具有强大指挥调度能力的机构，在第一时间掌握全区社会服务管理的各种情况，实现 "指挥一个系统、服务管理一个平台"。协调机构必须具有独立性、权威性、超脱性，能够打破各业务单位的部门利益藩篱，客观、公平、公正地对网格内事件进行分拨和考核评价。因此，协调机构将实现 "三个统一"：

一是受理分拨平台统一。目前，社会服务管理事件需接受多个中心的调度，各部门

往往因就相同事件接受多头指挥而疲于奔命；今后，协作机构要将综治维稳中心、数字城管指挥处置中心、新区主任信箱等多个受理平台进行整合，集中指挥，责任主体清晰，避免部门间互相推诿。

二是处置流程规范统一。参考原有事件处置体系，将涉及基层服务管理的事件重新梳理分类，每项设置唯一的身份编码与之对应，并形成受理、派遣、处置、反馈、考核评价的闭环事件处理流程体系。

三是绩效评价标准统一。要对事件处理过程进行全程督办，按周期对各责任单位事件处理情况进行统一考核评价。

（二）建立统一分拨管理机构，规范参与协作的部门间职责，形成合理的处置运行模式

针对职责不清、相互推诿等问题，拟明确协作机构的协作目标和各部门职责、相互间关系，并制定协作框架协议、协作制度，明确绩效及监督考核机制，确保各部门在统一的协作目标下，科学分工、无缝衔接、高效合作。

网格化管理初期，由于部门信息系统未打通，各业务管理部门传统的事件采集处置各自为政，部门分头采集、分别下达处置任务，处理方式分散零乱，导致大量职责交叉和职责不清，如产生未处置、处置不当的结果，则容易产生相互推诿的情况。

网格化管理项目推进中，拟建立统一分拨管理机构，利用统一分拨平台重塑部门间关系，形成合理的处置运行模式（如图2所示）。网格队伍建立后归新区及各办事处网格管理中心统一调配指挥，独立开展各类采集业务，并实行采办分离，原业务部门只保留处置力量，新成立部门与业务部门之间形成分拨与处置、考核与被考核关系，并设立严格的监督考核机制作为保障。

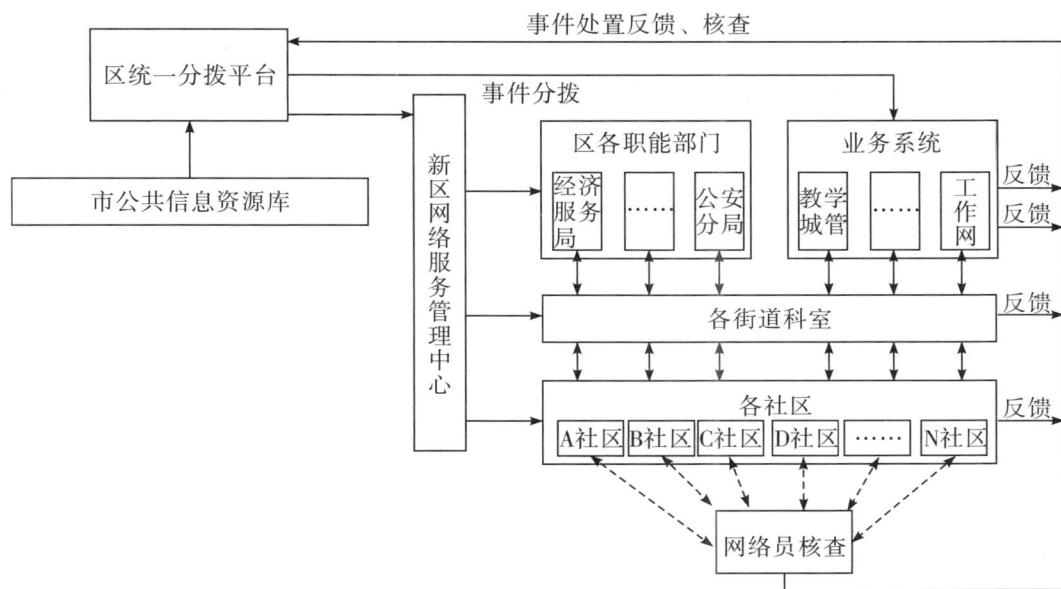

图2　龙华新区网格化管理分拨处置运行模式

（三）建立信息沟通与信息共享平台，不断提升协作水平

1. 加强信息沟通机制建设

无论是吸引多元主体参与网格化管理，还是协调政府内部行动统一，均需要首先从思想认识上、理念上进行突破。必须明确网格化管理项目的未来发展路径，并通过充分的说明、讲解和沟通，打破长期形成的工作惯性和思维，树立统一的价值观，形成合作共赢的理念和氛围。这不仅需要深入、细致、经常性地对相关部门进行走访，还需要在全社会进行广泛宣传。

为此，协作领导小组拟决定经常举办政府各部门、社会组织、一线网格员、居民共同参与的研讨会、沟通会和其他活动，通过活动活跃气氛、增进相互间的了解和沟通，尽可能将协作中的沟通障碍减到最少。并通过轮岗、团队建设、沟通会等方式，促进人员间的沟通和部门间的相互理解，最大限度减少沟通障碍、达成协作共识。

2. 通过信息共享平台推进协作

通过打造信息共享与协作管理平台，确保各部门及其工作人员明确网格化管理项目推进情况、预期目标、阶段任务、各部门工作要点、完成时限和联系人，并动态了解任务进行的阶段、其他部门工作进度、突发情况处置机制和协调机制等，以便相互之间及时沟通衔接，减少协作过程中的信息损耗、时间浪费，使协作过程透明化。

建设互联互通、共建共享的服务管理信息平台，破除部门间信息不对称导致的协作障碍。充分整合软硬件、数据和网络资源，构建"织网工程"网格化管理信息统一分拨平台，并以此为枢纽互联互通，以资源融合、共建共享为目标，才能切实打破"信息孤岛"和"信息壁垒"。平台构建中要注重联通，实现事件类、居民办事系统、政府内部工作系统、新区公共基础资源库等信息系统的联通，横向连接区直各部门，纵向贯通"市—新区—办事处—社区"；注重实用，整合现有资源，避免重复建设，避免多头分拨，坚持以实际需求为导向，为用而建，便利民生，辅助管理；注重拓展，实现信息交换更新，逐步扩展融合教育、医疗、民政、就业、社保、住房建设、公安、司法、交通等服务管理系统，分拨更多服务类的信息，为居民提供便捷服务。

（四）建立部门协作激励机制，强化合作激励动机

网格化管理项目协作实施中，各部门只有对协作推进网格化管理项目的实施具有明确的预期，对网格化管理带来的利益和成本进行衡量后得出正面的结果，其参与动机才会增强。

为避免过于关注个人和本部门的工作绩效，网格化管理及相关的绩效考核指标中将加入衡量多部门合作的指标，作为关联绩效指标。人事部门在设定相关指标体系时，要加入协作工作态度、协作工作结果的比重，并设置合理的激励措施作配套。同时，进行绩效考核的主体必须是参与到协作过程中的，并与该部门直接协作交往的部门，以确保评价的准确性和客观性。

七、结束语

城市社会管理创新中，网格化管理成为一种时兴的社会治理方略。深圳龙华新区创新采用网格化管理的重要治理工具——社会建设"织网工程"，在网格化管理项目的推进和实施中，走在深圳各区前列。在社会建设"织网工程"这样的网格化管理项目实施中，涉及不同层级政府、多个不同利益的部门和单位，各级政府与部门在项目推进中摒弃各自原有的工作习惯、模式和成见，共同协作与推进网格化管理的"织网工程"项目实施，这是一个比较典型的基层多部门协作治理案例。本案例描述了深圳龙华新区网格化管理项目实施中的多部门协作管理过程，对其协作治理中的协作障碍、障碍存在原因、协作机制的进一步优化方案进行了描述，为教学提供了一个地方政府多部门协作治理的管理学案例。

【思考题】

1. 探讨龙华新区在网格化管理项目推进和实施的过程中，要实行多部门协作的原因。

2. 简述龙华新区在网格化管理项目推进和实施的过程中，实行多部门协作的效果。

3. 简述龙华新区在网格化管理项目推进和实施的过程中，实行多部门协作的障碍及其原因。

4. 请结合协作性公共管理理论的相关观点，分析龙华新区网格化管理项目实行多部门协作遇到的障碍与问题，分析其多部门如何跨越障碍、优化协作机制开展进一步协作。

深圳市龙华新区以社区融合为导向的基层治理创新

高 梁

（管理学院公共管理系）

【摘 要】 改革开放以来，中国社会经历了深刻的社会变迁。其中，城市化是其重要特征，这在城市的地域、数量、规模、人口的有效增长中得到了很好的验证。与此同时，在城市扩张和旧城改造运动的强劲推动下，城市居住空间结构发生了翻天覆地的变化，住宅区的功能呈现多样化的趋势。城市社区作为联系城市居民生活重要的关系纽带，在城市基层治理中的地位日益凸显。深圳市作为全国改革创新的窗口和试验田，在全面探索基层治理体制创新方面肩负着重大历史使命。龙华新区位于深圳关外，其地理位置的特殊性、经济发展的滞后性、居民生存的必要性使其人口倒挂更为严重。因此，龙华新区的基层治理压力和社会融合压力更为突出。基层治理和社会融合成为两个相互牵制和促进的互补因子。社区融合作为衡量城市基层治理成效的一个重要指标，对促进基层治理有着举足轻重的作用。社区融合，是指不同类别的居民在社区社会生活中的融入状况，它表现在社区经济、社区公民权利及公民待遇、社区心理融入及社区认同感等维度。而社会融合的终极内涵是由自由人组成的联合体，它是基于人性的发展及人的社会性所形成的群体性、内聚性与自我认同性，是道德共同体与现实共同体的内在结合，是人类发展的本质属性。社会融合既是一个状态或过程，又是目标与手段，西方学者以消除社会排斥现象为出发点，将社会融合概括为文化融合、情感融合、交流融合、结构融合、功能融合和规范融合等多维度的社会发展现象。社区融合是社会融合在社区层面的微观体现，社区融合是社会融合的基础，二者密不可分。

【关键词】 基层治理 社区融合 发展 和谐

基层治理是落实社会经济发展、创新社会管理、健全社会公共服务、维护社会和谐稳定的基点，也是最终体现政府决策成效和实现市场经济有序运行的关键一环。深圳市作为全国改革创新的窗口和试验田，在全面探索基层治理体制改革创新方面肩负着责无旁贷的历史重任，这既是全国深入推进改革创新精神以实现新发展、夺取新成果所赋予的时代重任，同时也是深圳市在建设国际化城市、数字化城市、智慧型城市和创新型城市时所面临的重大课题。社区融合作为衡量城市基层治理成效的一个重要指标，对促进基层治理也有着举足轻重的作用。本案例以社区融合为落脚点，以龙华新区基层治理体制改革为依托，着重探讨如何以基层治理创新来促进社区融合，进而从各个层面改善龙华新区的整体治理状况。

一、案例背景

（1）探索社区协同治理新模式，促进社区多元共治。随着改革和农村城市化的进一步深入，深圳基层治理经历了几个阶段不同模式的探索。早在 2002 年以前，深圳基层治理的模式主要是传统的居委会、村委会村民自治并存的模式。特别是在党的十八大以来，深圳市加快基层治理体制改革的步伐，党的十八大报告中提出，应在改善民生和创新管理中加强社会建设。社会建设是社会和谐稳定的重要保证，必须从维护最广大人民根本利益的高度，加快健全基本公共服务体系，加强和创新社会管理，推动社会主义和谐社会建设。在加强社会建设的管理创新方面，党的十八大报告强调要围绕构建中国特色社会主义社会管理体系，加快形成党委领导、政府负责、社会协同、公众参与、法治保障的社会管理体制，加快形成政府主导、覆盖城乡、可持续的基本公共服务体系，加快形成政社分开、权责明确、依法自治的现代社会组织体制，加快形成源头治理、动态管理、应急处置相结合的社会管理机制。

一直以来，深圳市龙华新区积极探索社区治理改革新模式、新方法，努力促进社区协同共治，建设美丽社区、温馨社区。在十八大报告提出要推进国家治理体系和治理能力现代化的大背景下，与传统的将政府组织视为中心和主体不同，努力改进社会治理方式，把公民个人、私营部门、非政府组织等也视为社区管理的主体，让它们共同承担社区治理的责任，使龙华新区社区治理呈现多元共治的局面。

（2）探索社区自治新路径，全面推进社区自治。面对新形势、新发展，深圳市龙华新区把全面贯彻落实党的十八大、十八届二中全会、十八届三中全会和习近平总书记一系列重要讲话精神作为继续深化基层治理改革创新的指导思想，紧跟党中央深化改革创新的整体思路和步伐，在对社区进行多中心治理的前提下，使各社区治理主体自行管理本领域内部事务，使整个社区构成一个自组织网络。在最简单的意义上，自组织意味着一种自主而且自我管理的网络。在这样一个自组织网络中，行动者为了达到目标而相互依赖，又因为依赖在行动者之间创造了可持续的互动关系，在这种可持续关系中，每个行动者都拥有对社会事务的否决权，行动者通过进行谈判、磋商等手段互相博弈，以此对资源进行分配。同时，在这一过程中，规则被创设并被强化，以用来规制行动者的行为。

公民组织发展和公民积极参与社区事务共同管理是社区融合得以有效运转的前提。自组织网络中，政策是参与具体政策制定的行动者之间复杂互动的结果。当代治理成功与否，取决于包括政府在内的社区网络组织是否构建、信任关系是否形成与合作方式是否建立。虽然政策网络或社会参与网络无法涵盖治理的全部意义，但它是治理赖以发挥作用的核心工具。

（3）推进社区融合，变社会人为社区人。在社区治理中，社区的运行不仅仅靠上行下达的行政命令，更多的时候是靠社区内各行为主体在互信、互利、相互依存的基础上进行持续不断的协商谈判，参与合作，求同存异，化解冲突和矛盾，维持和谐融洽的社区秩序，在满足各参者利益的同时，最终实现社区发展和自身利益的最大化。

在社区融合的情况下，每位居民所做的事几乎都会对其他居民产生影响，所以居民在进行个人的行动时都会考虑其他居民的选择。因而，在社区融合的背景下，那些形单影只的社会人，通过在社区内部治理上积极参与，共同合作，使自己真正地融入社区生活，使自身与社区内部其他成员形成"你中有我、我中有你"的家的观念，真正使社会人转变成社区人。社区人不仅是社区的成员，还是社区的管理者和主人，他们通过合作创造共赢的局面。

（4）丰富社区邻里活动，构建"熟人社会"。构建"熟人社会"是社区融合、构建和谐社区的有效手段和方法。如今，在物质生活和精神生活异常丰富的大背景下，各社区活动精彩纷呈，无论是由政府组织还是由居民自发组织的娱乐活动，在丰富社区文化活动、促进各居民相互交往、增进居民感情等方面起着重要的作用。在社区活动中，公民的积极参与，是政府与公民之间、居民与居民之间建立相互信任、相互依赖与相互合作关系的前提，是当代社区治理的社会与道德基础。在社区融合的理念看来，社区融合实现离不开一个繁荣、活跃的公民社会，离不开公民组织的自主管理能力。在实践中，政府积极发挥自身的特殊职能，在丰富社区文化生活方面发挥了积极的引导和推动作用。如今，各个社区活动精彩纷呈、形式多样，有效地改善了以往居民之间不熟悉、不认识、相互排斥的观念，各居民通过积极参与社区活动，从中收获乐趣，并积极投身到社区文化建设当中，使社区真正建设成一个"家"。

（5）培育发展社区社会组织，增进新老居民社区交往和社区信任，促进新老居民社区融合。"党委领导、政府负责、社会协同、公众参与"是社会管理的"顶层设计"。增强社会的协同性、激发公众的参与感，是做好社区融合的重要环节。当前，社会流动性的加强给城市发展带来极大活力，也给城市管理带来不少难题。无论是老社区还是新社区，都居住着众多来自五湖四海的外来务工人员，由此而来的陌生感使社区居民在心理上产生排斥，这种心理排斥甚至被看作城市的"安全隐患"。所以，要做好这部分人的管理服务。一方面，必须要从解开这个心结入手。只有市民群体对彼此产生认同感，才能在做好服务的基础上做好社区管理。另一方面，努力激发社区人员的主动性、积极性，也是为城市社会管理找到一个新的发力点和生长点。"参与式"的基层自治和社区管理方式，不仅有效促进了新社区居民融入社区，也增强了新老社区居民之间的认同感。更重要的是，这激发了社区居民的自主活力，达到自我管理、自我服务的效果。

社区管理，总体而言是对社区居民的管理和服务，必然包括情感沟通、心理交流。做好社区融合工作，社会力量不仅有"全覆盖"的广泛性，而且有"点对点"的针对性，比政府机构更有力、也更有效。从各地所建立的社区社会组织的实践来看，在化解社会矛盾、协调社会关系、建立沟通表达机制等方面，政府都可以与自治协会合作，来增进新老居民社区交往和社区信任，促进新老居民社区融合，使社区居民更加和谐友爱。

二、案例描述

（一）深圳市龙华新区社区融合现状描述

1. 物质层面

第一，经济收入方面，在社区内部工作人员的月薪差距较小，约50%的工作人员月薪集中在 3 501～4 500 元；而普通居民收入差距则相对较大，约35.2%的普通居民月收入集中在 2 501～3 500 元，且有 8.2% 为 1 600 元以下，整体收入偏低。第二，住房条件方面，约77%的工作人员住自建房或自购房，约23%的工作人员住出租房或单位房；而92.7%的普通居民住出租房或单位房，仅 7.3%的普通居民住自建房或自购房，且多为本地居民，外地居民则绝大部分集聚在城中村。

2. 制度层面

（1）社区管理。据统计，社区工作人员中，本地人占 79.9%；而外地人仅占 20.1%。本地人占整个社区工作人员中八成的比例，而外地人占社区工作人员的比例严重不足。

（2）社区选举。据统计，约14%的外地人和60%的本地人参与过居委会选举。在所有参与居委会选举的工作人员中，本地人占94%，外地人占6%。但是在普通居民中，22%的本地人和1%的外地人参与过选举。外地人和普通居民占参与社区选举的比例微乎其微。

（3）社区参与。据统计，有63.8%的人从未参加过社区活动；经常参加社区活动的人仅占3%；4.8%的人参加比较多；15%的人偶尔参加。参加过社区活动的仅占1/3。其中，参加过文体活动的占8.8%；志愿活动占10.2%，培训活动占6%；联谊活动占6%；居民选举占2.4%。在提及居民最有印象的社区活动时，大多为羽毛球、乒乓球、篮球比赛，歌舞比赛，文艺表演，棋牌活动，计生、消防宣传活动，义工、志愿者活动。而通过政府网站了解相关政策和信息的多为本科及其以上学历者。

（4）社区公共服务享有。据统计，13.8%的人对社区公共安全不满意；仅10.6%的人对社区计生服务不满意，社区计生服务满意度近九成；35.6%的人对社区文体基础设施不满意，社区文体基础设施满意度为两成；18.4%的人对社区法制事务管理不满意。在公共安全、计生、文体设施、法制管理等社区基本服务中，最大比例值均为一般，即居民对整体社区服务满意度为一般。统计结果显示，78%的人对社区提出了建议，主要集中为以下几方面：卫生、安全、环境、交通；基础设施、基本服务；社区活动、信息宣传；孩子教育、维权等。

3. 精神层面

（1）社区志愿服务。在参加社区志愿服务意愿中，愿意参加的人占88%；不太愿意参加的人占7.8%；表示完全不愿意参加的人占4.2%。可见，绝大部分人是愿意参加社区志愿服务的。

（2）邻里关系。据统计，6%的居民经常往来；12%的人从不往来。近六成人表示本地人对外地人态度一般；三成以上表示本地人对外地人态度较友好；一成以上的人表示本地人对外地人态度不友好。8%的人表示不愿意与本/外地人一起参与社区活动；52.6%的人表示愿意一起参与活动。在与本/外地人做亲戚或在结婚意愿中，四成人表示一般态度。在邻里关系上，邻里往来频繁度低，本地人对外地人接受度一般，与外地人一起参与社区活动或联婚的意愿较低，呈现出较低的邻里融合度。

（3）社区帮扶。据调查，五成左右的普通居民会在困难时求助于家人亲戚、同事或者朋友，3.8%的人会求助于本地人，5%的人会求助于居委会，9.6%的人会求助于社区工作站。困难求助时，在本地人中，56%会求助于社区工作站，75%求助于居委会；而外地人中，2.3%会求助于社区工作站，4.5%会求助于居委会。本地人求助于社区工作站和居委会远远多于外地人。

（4）社区归属感。在被问及是否同意自己有归属感时，3%的人表示非常同意；57.2%的人表示一般；9.2%的人不太同意；7.2%的人表示完全不同意，近六成人表示一般。由此可见，社区居民的社区归属感薄弱。

三、案例分析

（一）深圳市龙华新区社会融合存在的主要问题分析

1. 物质层面：部分社区经济融合度较高，区域融合度差异较大

调查显示，龙华新区居民的月收入主要在2 500 ～ 5 500元，整体经济水平偏低。相对于市区而言，地理位置位于关外，经济发展起步晚。大部分外来务工人员多为农民工、工厂员工、商场或酒店服务员等，他们的经济收入偏低，收入差距小，受其经济收入影响，他们主要居住在城中村。本地人住房多为自建房或自购房，外地人多为出租房。新区经济条件好的人群主要居住在花园小区。花园小区与城中村形成两个分割区域，往来甚少。城中村居民在公共经济方面的参与度低，社区公共事务的经济投入较低，经济融合度较差；花园小区在公共事务方面的经济投入稍多，如维护社区卫生、公共治安等。

从物质层面的融合来看，龙华新区整体社区经济水平普遍较低，部分社区经济融合

度较高，区域融合度差异较大。

2. 制度层面：社会融合度不高，隔离型特征突出

（1）调查显示，在社区工作人员中，约 4/5 为本地人，而在社区选举中，此现象更为突出，约 9/10 为本地人。63.8% 居民表示从未参与过社区活动。社区活动宣传形式多样，比较到位，保证了居民了解社区公共信息渠道的畅通。但整体而言，社区活动参与度偏低，主要表现为三方面：第一，社区活动形式较为单一，且参与者以老年人、小孩、妇女居多，年轻人少；第二，花园小区的信息知晓度和活动参与度均高于城中村；第三，外地人参与活动积极性低于本地人。

（2）在对社区服务满意度调查中可知，社会居民对社区整体服务满意度一般。首先，计生服务满意度高；其次，社区基础设施满意度较低；最后，城中村社会治安问题突出。主要原因是新区人口较多，且呈上升趋势，与之相配套的基础设施，如交通、治安、卫生、文体、学校等都未达到相应的标准，出现"僧多粥少"局面，难以保证居民基本服务完全到位。由户籍制度带来的服务和福利差异，如教育、医保、低保等，也导致居民对基本服务的满意度偏低。

龙华新区大浪办事处居民呼声比较高的是轨道交通发展落后，交通问题比较严重。从以前 20 多万人到现在 50 多万人，人口迅速膨胀，人口需求得不到满足。在治安方面，多数城中村的治安防范不到位。基础设施差异也很大，其建设环节比较薄弱，没有系统规划。

（3）调查显示，社区党群活动参与度不高。在组织方面，缺乏人力和活动场地，活动组织较少；在参与方面，党员积极性不高，党性不强，很少积极主动参与社区党群活动，参与者多以老年党员为主。虽然成立了北站社区党群服务中心，但是只有一名兼职人员，由于人手不够，服务中心经常无法保证正常为居民服务。服务中心没有场地，活动比较单一，并且为了控制局面也只能在室内开展，而室内的活动又只能容纳 20～30 个人。社区之间的党建活动比较少，因为条件不够成熟，流动党员也很难管理。社区如果有活动会呼吁居民参加，但是没有强制性要求，参加人数不多。近几年党员申请意愿不高，服务热情也不高，作用发挥很有限。

在制度层面的融合来看，龙华新区整体社会融合度不高。第一，在社区管理方面，以本地人为主，外地人寥寥无几；第二，在社区选举方面，多为形式主义，外地人几乎没有参与；第三，在社区活动参与方面，居民整体参与度低，花园小区的关注度和参与度高于城中村，但参与者多为老年人、儿童、妇女；第四，在社会公共服务享有方面，居民基本服务难以保证；第五，在社区党团活动参与方面，党团活动少，党员参与积极性差。

新区社会融合度不高，且出现两大隔离群体，一类是本地居民和外地居民，另一类是花园小区居民和城中村居民，这些都严重影响了社区的整体社会融合进度。

3. 精神层面：心理融合度较低，归属感不强

（1）从对邻里关系调查中可知，社区居民邻里往来频繁度较低，很少往来。在提及本地人对外地人态度，与他人一起参与活动和与本/外地人联亲意愿上，多数居民持一般态度。而且，在访谈中得知，本地人排外心理仍然很严重。本地人和外地人各自拥有独立的生活圈子，很难融入彼此的生活，活动交集也是少之甚少。

本地人和外地人的融合问题是非常突出、严重的，严重到本地人和外地人不能一起聊天、打麻将。比如在几个社区的"四点半"学校里，本地小孩和外地小孩都不能一起玩，很多社区没有做好融合。但是也有一些社区比较开明，活动融合得还不错，但是这些融合只局限于参与活动，在参与社会事务方面的融合仍然很差。很多本地人不会把小孩送到"四点半"学校，都是送到外面的辅导机构。

很多社区居委会主任和股份有限公司的立场也会影响到社区融合。比如某些站长会说，"我们提供的经费，为什么本地人中都没多少人享受到？一天到晚都是外地人参加，都没有几个本地人。"比如龙胜社区是由股份有限公司组建的，就选择有条件地对外开放，甚至只对本地人开放。他们认为由股份有限公司投资建立的基本上是为本地人服务的，并不太接纳外地人，怕出现财物损坏、治安等问题。可见他们之间存在巨大鸿沟。

（2）在对社区帮扶情况的调查中可知，约60%本地人会求助于社区工作站和居委会，但只有个别外地人会求助于社区工作站和居委会。从访谈中得知，社区救助有涉及外地人，但还是以户籍人口为主。从居民方面来看，外地人如有困难，几乎不愿意求助于本地人、社区工作站和居委会；从社区工作方面来看，对外地人扶持力度不足，很多救助仅限于户籍人口。

综合党委和社区服务中心开展的主要是一些慰问活动，具体深入到服务对象的家庭，去外地人的家庭多，本地人的家庭少。每个社区有两个专职党委，每两周走访两家弱势群体。综合党委讨论是否要给予其帮助，如政府募捐之类的问题。龙华新区有30个公益性岗位提供给有户籍的困难群众，安抚房也必须有户籍的人才可以申请。

龙华新区成立了来深建设者关爱基金，一年救助金封顶2万元，且只管户籍人员中的外来人员。如果管没户籍的外来人员，所有外地人都会涌入。残疾人保障金也只针对户籍人口。基层的临时救助比较多，每年每个社区有10万元关爱金。综合党委帮扶社区困难群众，不分户籍，只要有困难都可以救助。

（3）据调查，居民对社区主体的了解和信任严重不足。外地人身份意识较为顽固，对社区工作有偏见，心有芥蒂，对其缺乏了解和信任。外地人对社区服务中心不太了解，有偏见，不支持其活动，甚至社工去探访，都不开门。由于居住环境不同（外地人主要住在城中村），相互之间的渗透不足，所以很多外地人没有归属感，思想观念比较保守，会觉得"我的房子不在这里，我不是这里的人"，会觉得自己是"流水的兵"。另外，户籍待遇有差别，无户籍居民没有选举权和管理权，所以更加没有归属感。

从精神层面的融合来看，龙华新区的社区心理融合度极低。第一，在邻里往来方面，本地人和外地人几乎没有活动交集；第二，在社区帮扶方面，外地人主观上不会求助于社区工作站和居委会，客观上社区救助严重不足，且有户籍限制；第三，外地人身份意识较为顽固，社区居住意识尚未形成。因此，整个新区社区心理融合度较低，居民归属感不强。

4. 融合进度不一，参差不齐

在花园小区较多的社区（如民乐社区）中，由于居民经济水平偏高且差距偏小，居民文化素质较高，社区活动参与积极性较强，社区融合进程快。此类社区在物质层面融合度已经完成，目前主要关注制度层面和精神层面，如居民积极维权、关注社区选举和社区管理及孩子教育问题等。

在城中村较多、发展较慢的社区（如北站社区）中，居民忙于生计，早出晚归，没有时间和精力去关注社区活动，此类社区融合度较差。很多居民几乎不与邻里往来，不关注公共信息，不参与公共活动，缺乏社区居民意识。各个社区的居民经济状况、社区发展进度、资源配置不同，导致社区融合进度快慢不一。

（二）龙华新区社区融合发展面临的困境分析

就目前来看，龙华新区整体社区融合度偏低，其促进社区融合发展的主要方式是社区基本服务的提供、社区活动的开展、基础设施的完善等。而这些服务提供、活动开展、设施完善等均由社区主体提供。随着多元治理理论普及，治理主体呈现多样性，在龙华新区现行基层治理体制中，主要有四类：基层党组织、居委会、社区工作站、社区社会组织。因此课题组讨论决定在分析社区融合发展困境时，主要从治理主体入手，再结合居民自身原因、社区发展现状、服务差异化等，深刻分析其发展困境。

1. 基层党组织作用不突出

党章规定："党的基层组织是党在社会基层组织中的战斗保全，是党的全部工作和战斗力的基础。"基层党组织是团结和带领层群众进行社会主义现代化建设的主力军。但在社区融合进程中，基层党组织和党员队伍都未充分发挥其先锋带头作用。首先，在促进社区融合的主体队伍中，基层党组织未发挥出其统筹全局、规划资源、协调监督的作用，导致社区服务缺少监督、社区活动无序且形式化。民治办事处北站社区党委书记、工作站站长何新生提到，由于缺乏党组织的全局性指导作用，社区工作站和社区居委会之间就会出现职能不清、交叉重叠现象，导致社区活动形式化，影响融合效果。其次，在促进社区融合的党群活动中，活动较为单一，多为应付上级考核指标而举办，活动效果不佳。最后，党员参与积极性差，大部分为老党员。年轻人忙于生计，很少参与。党组织和党员的领导作用不突出，导致其在居民融合中作用发挥不大。

2. 居委会功能部分缺失

《中华人民共和国城市居民委员会组织法》规定："居民委员会是居民自我管理、自我教育、自我服务的基层群众性自治组织。"良性居民自治是社区高度融合的表现。在调查中得知，龙华新区社区融合中存在较为严重的居委会功能部分缺失现象。首先，在人员方面，全体兼职委员不坐班，只聘请一名专职文员坐班。兼职委员都有自己本职工作要做，不仅对居民事务了解有限，也没有时间参与社区服务，严重影响了社区活动的开展和社区服务的推进。其次，在资源方面，居委会普遍存在办公及活动经费少、缺乏活动场地的现象。主要采取购买服务形式为居民开展服务。但事实上大多都是有名无实的空架子，根本就无法通过购买政府服务项目来维持运作。居委会无法发挥其应有的自治服务作用，也难以为社区融合增加动力。

3. 社区工作站服务不到位

社区工作站是基层政府的派出机构，是政府在社区的服务平台，其主要职责是为居民提供服务。提高居民服务满意度是促进社区融合的主要方式。龙华新区各个社区普遍存在社区工作站服务不到位现象。首先，社区工作站存在严重的职责膨胀、责权不对等等问题，如2014年7月25日观澜办事处社会事务科汇总出《社区工作站工作职责梳理清单》，社区工作站共承担99项事务，其中社区工作站职能38项，办事处委托职能64项，且有17项需要执法资格才能实施。一些本应由街道负责的事项转移给了社区工作站，本应由居委会负责的自治事务也交给了社区工作站，职能交叉事项重叠较多，导致社区工作站忙于管理，无暇顾及可以促进社区融合的服务活动。其次，社区工作站人员整体素质不高、积极性不强。一方面，由于工作人员多为"居站分设"后专任，多为原住民，整体素质不高；另一方面，工资福利的标准不统一、待遇偏低是导致工作人员积极性差的主要原因。这些因素严重影响了社区服务质量，延迟了社区融合进度。

4. 社区社会组织融合作用微弱

社区社会组织是指"以社区为活动范围，以社区居民为成员或服务对象，以满足社区居民的不同需求为目的而成立的各种社团类组织、民办非企业单位以及社区基金会"。在新区调研中得知，社区社会组织在促进社区融合方面的作用微乎其微。首先，社区社会组织数量少，难以满足社区居民需求，无法保证社区服务到位。其次，社区社会组织种类少，以老年人协会为主，内容多为文体健身活动。活动类型的局限性导致其很难满足社区各类居民、各个年龄层次的需求。社区社会组织数量少，力量弱小，社区活动少且单一，阻碍了社区融合平台的构建。

5. 基本公共服务存在差异化

由于存在户籍制度，外地人和本地人在教育、医疗、救助、福利等方面都存在很大差异，而这些基本服务又与居民生存和生活息息相关。社区服务差异化使外地人缺乏社区归属感，直接影响了居民在物质层面和精神层面的融合。基本服务差异化加重了外地人的"候鸟"意识，不仅使外地人缺乏基本的社会服务，不利于社区融合，而且在心理上阻碍了其社区居民意识的形成，也不利于心理融合。

6. 心理互斥感比较强

社区心理融合度差，其表现为本地人和外地人两者的心理排斥感强。在本地人方面，以股份有限公司和居委会最为突出，自抱成团，不愿与外地人有生活交集、排斥感强。在外地人方面，其本身外地人意识较为顽固，尚未形成社区居住意识，在社区活动和志愿服务方面参与度低。

社区心理融合度较低，其根本原因在于社区经济融合度不高。经济融合是基础。因此，促进心理融合度最终仍需要从经济融合和社会融合入手。

【思考题】

1. 你认为深圳市龙华新区社区融合存在上述问题的原因有哪些？请从体制、机制方面进行解析。

2. 境内外有哪些以社区融合促进基层治理的先进经验和模式值得深圳市龙华新区学习借鉴？

3. 从体制、机制方面分别分析深圳市龙华新区如何以社区融合为导向促进基层治理创新。

龙岗区"城市管理在社区"改革：
城市基层治理机制创新案例

唐 娟

（管理学院公共管理系）

【摘 要】 为了激活社区参与城市管理的积极性，以社区城市管理创新推动全区社会管理创新，2012 年和 2013 年，龙岗区委区政府把"城市管理在社区"作为一项重点工作，在全区范围内全面铺开。截至 2014 年 3 月，龙岗区全区 8 个街道，109 个社区成立了社区城管所，配置专门的办公用房和相关工作设施，负责日常管理工作的社区城管员已全部到位，按照要求投入社区城管工作；各项工作制度基本到位、运作日趋平稳。经过两年多的推进工作，新的工作模式通过强化社区城市管理，实施管理关口前移，有效缓解了管理矛盾，减轻了基层城管执法压力，进一步提升了基层城市管理的精细化程度，市容环境管理水平有了较大提高。

【关键词】 "城市管理在社区" 城市管理

随着社会经济的不断发展，社会各界对于城市管理工作的精细化、规范化要求日益提高。对于刚刚完成城市化的地区而言，由于城市化较晚，经济与社会配套建设发展不均衡，城管工作面临管理、执法力量薄弱等问题。如何持续提高城市管理水平，是当前大都市郊区的农城化地区城管工作的重大课题。深圳市龙岗区结合城区发展实际，创新城市基层管理机制，驱动城市管理资源的优化整合，实行全民共建共管共享。2011 年，龙岗区城管局提出了"城市管理在社区"（简称"城管在社区"）的工作思路，并作为一项重点工作纳入了城市管理年的工作事项，于 2012 年和 2013 年在全区范围内全面铺开。新机制实现了城市管理关口前移、重心下移，破解了工作量大、执法人员少这一难题，促进城市管理由粗放型向精细化转变。龙岗区的实践经验，为当前大都市郊区农城化地区的城市管理提供了一个新鲜的样本。

一、背景与基础

龙岗区位于深圳市东北部，是深圳市面积最大的行政区，东临大亚湾、大鹏湾，南连罗湖区、盐田区及香港，西接宝安区，北靠惠州市、东莞市，是深圳市未来现代化、国际化的先进城区。龙岗区管辖龙岗、龙城、布吉、横岗、坪地、南湾、坂田、平湖八个街道办事处，全区土地面积 844.07 平方公里。城市化后，龙岗区工业化进程提速，经济迅猛增长，城市规模急剧扩大。与此同时，一些镇改街辖区在经济社会发展中存在着"五多""五少""五大优势""四大挑战"的显著特点。特别是那些非中心区的街区，城市基础建设滞后、"城中村"问题突出，呈现出"工业型村落社会"的形态，经济城市化发展与社会城市化不足的矛盾比较明显，主要表现在如下三个方面：

第一，偏于低端的产业结构，其经济驱动行业主要还是第二产业。这表明其经济增长模式的重心仍属劳动密集型的制造业，工业整体素质偏低，大多数企业仍然属于高耗能、低附加值的传统产业，或处在高新技术产品的低端生产环节。经济基础决定上层建筑，产业结构左右着社会形态和公共管理水平。

第二，蓝领为主的人口就业结构。由于龙岗区尚处于产业链的低端，就业结构以劳动密集型为主，第二产业中就业的人口比重依然达 68%，在就业人员的职业类型中，所占比重最高的还是对文化素质和专业技能要求不高的生产、运输设备操作人员及有关人员。低端的就业结构对劳动力自身科学文化素质的要求不高，吸引了大量低学历人员前来谋生，全区高层次、高素质人才相对偏少，不但在一定程度上制约了产业结构的继续优化升级，而且也使日常城市管理工作异常艰巨。

第三，体制机制瓶颈的制约。龙岗区城市管理工作起步于 1996 年，实行"条块结合"的管理方式，区城管局负责全区园林绿化、市容市貌、环卫、爱卫的行业管理和监督检查，对各街道城市管理行政执法工作进行指导、协调、监督、考核；各街道办具体负责辖区城市管理工作。随着全区经济社会体制的深度转型和城市管理难度的加剧，城管执法中一些传统的体制机制问题依然存在，新情况新问题又不断出现。城管综合执法中的问题归为以下两点：一是城管综合执法事项过度宽泛，就工作内容而言，龙岗区城市管理综合执法工作就涉及 500 多项具体事由；二是城管综合执法资源相对不足。

二、做法与经过

2011 年下半年，龙岗区城市管理局提出了"城管在社区"的工作理念，旨在激活社区参与城市管理的积极性，以社区城市管理创新推动全区社会管理创新。同时，率先在龙岗街道和龙城街道开始试点。2012 年和 2013 年，"城管在社区"作为龙岗区委区政府的一项重点工作，在龙岗区全区范围内全面铺开。截至 2014 年 3 月，龙岗区全区 8 个街道，109 个社区成立了社区城管所，配置专门的办公用房和相关工作设施，负责日常管理工作的社区城管员已全部到位，按照要求投入社区城管工作；各项工作制度基本到位、运作日趋平稳。经过两年多的推进工作，新的工作模式通过强化社区城市管理，实施管理关口前移，有效缓解了管理矛盾，减轻了基层城管执法压力，进一步提升了基层城市管理的精细化程度，市容环境管理水平有了较大提高。

社区成立的社区城管所，属社区工作站内设机构，由社区工作站负责日常管理，业务上由街道市容考核办、执法队、城建办、市政服务中心指导。其职能主要有八项：

（1）履行社区市容环境卫生责任，组织开展日常巡查，及时排查、发现、制止辖区内各类市容环境违法行为。

（2）协助开展爱国卫生工作，督促责任单位落实"门前三包"责任。

（3）协助街道城建办开展绿化、路灯、消杀等事项的日常监管工作。

（4）协助街道市政服务中心开展道路清扫保洁、环卫设施设置维护、垃圾清运日常监管以及小广告、余泥渣土的清理工作。

（5）协助相关部门对辖区的市场、住宅小区、待建地等场所的环境卫生进行整治。

（6）教育、劝改违反城市管理规范的轻微违法行为，协助城管执法部门做好辖区范围内的相关执法工作。

（7）协助开展城市管理法律法规及政策的日常宣传引导工作，组织开展文明家园创建活动。

（8）收集、汇总辖区居民涉及城市管理问题的意见及建议。

社区城管所的负责人基本上由社区工作站负责人兼任，并应组建不少于十人的社区城市管理员队伍，专门负责本社区的日常城市管理工作。社区城市管理员队伍建设以专职为原则，各社区根据实际情况可适当调整人员队伍的规模。以自然村独立发展起来的社区，主要利用现有的社区管理资源组建专职队伍，原则上由具有本社区户籍的且具有大专以上学历的人为主要组成人员；由商品房小区构成的社区，则外聘专职人员，同时借助小区物业管理力量和义工组织，引进部分兼职人员；混合型社区在保证半数以上为专职人员的情况下，吸纳社区现有管理人员，引进义工力量参与日常管理。

社区城市管理机构在日常运行中，依赖联席会议制度、网格管理制度、台账管理制度三项工作制度和投诉处理机制、巡查机制、信息通报机制、联动执法机制四项工作机制。区城管局制定了《龙岗区城管在社区工作管理考核办法》，各街道也根据辖区情况制定了社区城管所工作监督考核的规则。上述文本规定，由各街道办牵头，定期对各社区城管所的工作进行考核；由区城管局牵头，定期对各街道的城市管理工作进行考核；对于监督考核发现的问题，考核单位要第一时间通知被考核单位整改；考核结果定期通报，考核成绩与政府补贴金额挂钩。

在日常工作中，社区城管所在以专职城管员为主的基础上，结合实际，抽调其他社会管理力量兼职社区城市管理工作。如南湾街道李朗社区、康乐社区组建了两支超过百人的"城管义工队伍"，每到街道迎检、环境清洁月等重要节点，由社区城管所牵头，组织社区义工走上街头，开展环境卫生清理整治行动。

在运作过程中，各社区城管所基本上采取了划分责任区、网格化管理的模式，建立了较为完善的隐患问题排查机制，将区域管理责任落实到每一个社区城管员身上。各社区根据自身特点采取更为灵活多样的措施，如坂田街道大发埔社区城管所人员实行错时上班制；四季花城城管所在永甘路等重要路段安装摄像头，联合物业公司对乱倒建筑垃圾行为实施 24 小时监控。

龙城街道还成立了 80 人的市容巡查队，借助基层力量，形成管理合力，有效缓解了行政执法工作压力。该队自带小铲子、喷壶等工具，一边巡查劝导，一边随时清理"三乱"小广告。布吉街道各社区城管所则配合街道相关部门，制作"城管与我"宣传栏，举办"我为执法献一计"征文活动，营造良好的城市管理氛围。自"城管在社区"工作推进以来，社区城管所在协调和调动社区居民参与城市管理中发挥了积极作用。龙岗街道办在实施"美丽家园"的行动中推行"十百千工程"，该工程通过聘请十名城市管理监督员、组建百名城市管理义工、发动千名市民参与"文明行为我在行动"签名活动，引导市民参与城市管理，自觉摒弃"脏乱差"，崇尚"整洁美"。平湖街道成立了宣传劝导队，在人流密集地段、工业区等地，选择上下班高峰时段，通过播放短片及"一对一"的交流进行文明劝导宣传；申请微信"平湖城管"二维码，设立公众参与平台，印制带有二维码的宣传海报张贴在街道中心区域重要节点、公共场所等，吸引市民参与城市管理。

三、成效与反响

经过两年多的推进，龙岗区"城管在社区"的工作取得了初步成效，除了社区城管组织机构全部建立、管理框架基本形成、工作制度和机制基本成型、人员的经费和设备等基本有所保障外，基层城市管理的理念也发生了转变，社区自我管理意识得到明显提高。

第一，市民群众的家园意识初步树立。市民维护城市管理秩序的自觉性、配合城市管理的积极性不断提高，城市管理基础进一步夯实。55.7% 的居民表示，如果其所居住的社区成立城市管理义工队伍，他们将会乐意参加。这体现了大多数居民对于改善社区城市管理的主动性和积极性，也从侧面反映出居民对社区城市环境改善的意愿还是较为强烈的。

第二，社区城市管理秩序得到进一步提升。部分社区的区域管理状况得到质的改变，与此前相比，区域宜居性得到了进一步提高。通过"城管在社区"工作两年来的深入推进，龙岗区社区城市环境明显改善。具体而言，在社区环境卫生管理、社区绿化、无照摊贩监管、乱搭建拆除、商铺违章占道经营的清除、小广告清理、广告张挂规整、狗患治理、噪音扰民现象遏止、路灯管理等方面，超过半数的受访社区居民都认为得到了明显改善或有所改善。居民表示："社区内的各繁华地段比以前更整洁有序，大街小巷占道经营、卫生脏乱差等不文明现象大大减少。"这是居民对"城管在社区"工作成效的感受。

2013 年 6 月，龙岗区城管局荣获"全国绿化模范单位"荣誉称号；在 2013 年第一、二季度深圳市市容环境综合考核中，该区龙城街道在原特区外 25 个街道中排名第一。

四、探讨与评论

"城管在社区"，意指通过在社区设立城管所，聘请社区户籍居民作为社区城管员，协助执法，劝导乱摆卖乱张贴等行为，必要时请街道执法队来执法。相比外包服务公司，组织居民管理自己的社区，具有明显的优势，也得到了广大居民的认可。实行"城管在社区"的新型工作机制，与龙岗区的现实区情密不可分。

"城管在社区"的推行过程也是基层社区管理理念的转变过程，通过"城管在社区"工作两年来的深入推进，"小政府、大社会"的社区治理理念已经深入基层，单纯依靠政府、过度依赖执法、以罚代管等错误认识得到相当程度的纠正，基层管理机构的自我管理意识明显提高。通过发动身边人管身边事，社区居民的家园意识、文明意识、自律意识、责任意识得到了提升。

龙岗区的"城管在社区"并不单纯依靠政府力量，而是直接将管理触角延伸到基层。除了实现精细化管理的具体目标以外，"城管在社区"工作更多是一种基层管理理念的变革，是"小政府、大社会"理念的具体执行，很好地契合了当今社会改革的方向。《中共中央关于全面深化改革若干重大问题的决定》明确提出，要"理顺城管执法体制，提高执法和服务水平"。龙岗区的"城管在社区"与这一要求不谋而合，符合现代化城市管理模式的发展方向。该项工作应该成为特区一体化后，龙岗区赶超先进城区的重要工作措施，应长期坚持、不断深入推进，通过发挥社区管理的自觉能动性，彻底冲破长久以来基层城市管理的冻土。

【思考题】

1. 请结合现行理论，分析龙岗区"城管在社区"制度的实践意义和理论价值。
2. "城管在社区"工作的着眼点在哪里？
3. "城管在社区"制度是否具有可复制性和可推广性？为什么？
4. 为什么说城市基层治理中，居民的参与至关重要？

社会建设的"政府之手"：
深圳市龙华新区石凹社区的案例①

曾锡环

（管理学院公共管理系）

【摘　要】深圳市龙华新区大浪办事处石凹社区是一个本地居民区、外来人口居住区与工厂区混杂的社区，提升居住环境与产业品质，是辖区居民与政府的共同愿望。龙华新区大浪办事处石凹社区开展了以项目为依托、居民需求为导向的社区与产业园区融合的社会建设项目。在龙华新区有关部门、大浪办事处的直接领导下，石凹社区内外协作、社区居民积极参与，形成了"一核多元、分工合作"的社会建设治理格局。在石凹社区产城融合的规划建设中，政府发挥了"规划之手""协调之手""扶持之手"与"引导之手"的作用，本案例报告将对这一社会规划建设过程进行描述，同时对政府在社会建设中发挥的作用进行简要分析。
【关键词】产城融合　社区规划　社会建设　政府作用

龙华新区（现在名称是龙华区）地处原特区外，庞大的产业生态聚拢了 200 多万来深建设者，其社会管理创新的热门话题就是让外来务工者更好融入城市、融入社区，成为龙华新区建设的生力军与主人。龙华新区积极探索新型城市化进程中的社会融合新路径，探索以人为核心的新型城镇化社会建设新路子。2014 年，新区每个办事处分别实施两到三个特色子项目，当时的四个办事处共实施十个子项目，从十个不同侧面首先突破。到目前为止，社会融合已经成为龙华新区的鲜明特色，其中大浪办事处的"青工活力第三个八小时"项目获评 2014 年全国之力创新四大追加案例，民治西头新村外来业主自治、清湖"乐业社区"等项目也取得良好成效。2015 年，龙华新区政府重视社会融合建设，根据实际区情，推出一批新的特色优势项目，如公共文明促进会、和谐劳动园区创建、民治 1980 圆梦园、清湖转型升级园企业联合会等，奏响以社会融合为主题的合奏曲。

本案例重点关注石凹社区在开展社区与产业园区融合的社会建设项目过程中政府的作用。

---

① 本案例由深圳市龙华新区大浪办事处（石凹社区所在辖区）（2016 年龙华新区改为龙华区，大浪办事处改为大浪街道办事处）蒋翠莹女士提供资料与指导意见，在此表示衷心感谢。笔者研究生黄英、舒莎参与资料收集与整理。

一、深圳市龙华新区石凹社区概述

石凹社区位于深圳市龙华新区大浪办事处①北部，交通网络内外贯通，辖区总面积417万平方米，总人口22 168人，其中户籍人口465人，常住人口8 200人，人口流动量大。石凹社区曾获"热心支持慈善公益事业组织奖""人民调解工作先进集体""第十届深圳关爱行动十佳爱心社区"等荣誉称号。

社区主要办事机构包括社区居民党支部及上级党委、社区居民委员会、社区党群服务中心和社区股份有限公司。社区居民党支部及上级党委是社区建设的核心；石凹社区居民委员会由原石凹居民小组升格而成，以方便社区治理；社区党群服务中心是社区开展综合性、非营利性活动的服务平台；社区股份有限公司是社区建设项目执行的主要机构，经营财务状况良好。社区建设坚持"以党组织为领导核心，以社区股份公司、居委会、社区党群服务中心三个主体为依托"的方针。

社区建设理念为"乐道尚和"。该理念取自《道德经》五十五："知和曰常，知常曰明"，倡导"可持续发展"和"社区共治"的基本思想。该理念融古于今，可以理解为提倡环保、节约、尚志的生活方式；倡导乐观、包容、活力、健康、愉悦的生活态度；呼吁建立互关互爱、共商共议的邻里关系，以此构筑"乐和"社区。

社区建设以社区需求为导向、以项目为依托，"社区人"积极参与"接轨产业·乐和石凹"项目与"社区营建·乐和石凹"计划，促进产城融合建设，并已形成"一核多元、分工合作"的治理格局。

二、深圳市龙华新区石凹社区的产城融合建设

（一）以项目为依托的产城融合建设

在党的十八大和十八届三中全会精神的指导下，石凹社区落实中央、省、市有关工作要求，围绕办事处转型发展的工作主题，认识到产业发展对社区转型的重要作用，坚持以产业配套设施建设为基础，以社会治理模式创新为先导，努力促成"社区—园区"两区融合互动，形成社区、产业、商业相互衔接的社会建设有机系统，为实现"活力新区""和谐家园""幸福龙华"社会建设总目标奠定坚实基础。为此，石凹社区按新区《探索促进社会融合龙华模式工作方案》要求，在大浪党工委、办事处的领导下，先后启动了"接轨产业·乐和石凹"大浪时尚城与石凹社区的社会融合工作和探索推出"社

---

① 2016年10月，国务院同意广东省设立深圳市龙华区和坪山区，龙华新区和坪山新区由功能区转成为深圳行政区。深圳市龙华新区大浪办事处相应变为"深圳市龙华区大浪街道办事处"。

区营建"计划，以配套产业发展为入口，健全社区公共服务体系，改善市容环境、完善社区服务功能、创新社区治理模式。

石凹社区的产城融合建设以"接轨产业·乐和石凹"项目和"社区营建·乐和石凹"计划为依托开展，其中"接轨产业·乐和石凹"项目为龙华新区社会融合十个特色项目之一。大浪办事处石凹社区于 2014 年引入"乐和"治理理念，希望通过实施该项目，达到乐和治理、乐和人居、乐和礼仪、乐和身心和乐和发展的目标。该项目为时三年，分为四个子项目，分别是：①创意石凹，启动第二工业区改造升级；②品质石凹，充分利用土地资源；③宜居石凹，开展老村综合治理；④乐和石凹，创新社区治理。下文就上述内容进行说明。

1. 创意石凹

石凹第二工业区占地面积为 53 303 平方米，总建筑面积约 80 000 平方米，创意石凹以石凹第二工业区为依托，结合大浪时尚创意城整体规划，升级打造舒适的办公环境、完善大浪时尚创意城产业链、建设健全的公共配套设施。22 家国内外知名服装企业以及 91 家服装企业已集聚大浪时尚创意城。龙华新区大浪办事处正在大力引进时尚创意人才到大浪时尚创意城创业、生活，力争让时尚创意城成为国际化、时尚化、生活方式集合的创意硅谷。[①]

2. 品质石凹

为打造高品质生活小区，石凹社区充分整合社区土地资源，建设石凹新村。石凹新村拟建于浪荣路与石凹路交汇处，占地面积约 13 万平方米，毗邻大浪时尚创意城，打造配套齐全，交通便捷，集住宅、教育、购物、休闲、娱乐、商务、文化等于一体的高品质生活小区。

3. 宜居石凹

宜居石凹重点工作是对老村的改造，加固整修社区公共设施。具体目标包括：①综合整修乱搭接的电线，让电线从线管中通过，实现"走直""瘦身"和"束发"的效果，同时让社区居民达成"社区线缆安置公约"，长远规范电线乱搭问题；②强化社区消防系统功能，重新安置及修缮林峰大厦、原石凹宾馆大楼、石凹 A2 楼的消防配电控制系统；③全面整治排污系统，疏通、调换排污管道，完善雨污井盖及管网建设；④开展交通路段综合整治工程，在石凹 A、B 段路铺设沥青、增设路灯、完善道路护栏设施等；⑤大力改造石凹社区户外文体广场，改善广场和园路的路面条件，改造篮球场、羽毛球场及儿童游乐区等；⑥装修石凹社区办公楼；⑦整顿社区环境卫生，清除牛皮癣、非法广告、清理生活垃圾、建设土渣，配设环卫设施等；⑧开展炮楼修缮工程。

---

① 王敏，陈果，蒋春忠. 龙华新区探索社区园区融合互动新模式："乐和石凹"接轨产业推进融合. 深圳特区报，2015 – 08 – 12.

4. 乐和石凹

乐和石凹这个子项目是石凹"社区营建"的实践，主题是创新社区治理模式，主要内容包括：

（1）打造"一核多元"治理体系，凝聚社区合力。"一核"指加强党建引领，在推动社区自治进程中坚持以党组织为领导核心，充分发挥党组织引领、统筹、协调功能，牵头发起了乐和社工站、乐和互助会、楼长之家等组织建设。"多元"指以社区股份公司、居委会、社区服务中心三个主体为依托，整合社区社会组织、社区人才等其他资源，搭建居民参与社区公共事务管理的桥梁。

（2）构建"两会共治"治理结构，激活社区潜力。"两会"指乐和互助会和乐和联席会。乐和互助会是由热心社区公共事务的居民自愿参与的群众自治组织，侧重居民个体议事；乐和联席会是在党组织统筹领导下，居委会、股份公司、物业公司、互助会、社区服务中心、学校、企业等多个社区组织和单位联合协商议事的共治平台，共同协商解决社区存在的涉及多部门的公共事务问题，侧重社区组织议事。

（3）推行"三事分流"责任共担机制。石凹以"三事分流"为议事协商原则，将社区事务分为"大事""小事"和"私事"，合理界定政府部门、社区、个人的职责边界和互补共生关系。"大事"即政府部门管理事项，由办事处、工作站落实处理；"小事"即社区公共事项，由互助会主导、相关社区组织协助，共同落实处理；"私事"是居民个人和家庭事务，由互助会协助、督促社区居民自己负责。

（4）搭建"党群乐和亭"，联结石凹民生。为进一步合理配置社区内的资源和社会机会，凝聚党群组织力量，发挥党群工作作用，推出"党群乐和亭"项目。在社区内的小公园、篮球场、榕树下和楼宇间等多处公共空地共放置了 12 个"党群乐和亭"，方便了居民户外休憩和外来青工闲暇聚会，也作为党员收集民意、为民服务的一个小阵地。

（5）设立"接轨产业·乐和石凹"社区基金会，改革投入机制。石凹把用于社区建设的资金放入"接轨产业·乐和石凹"社区基金会，包括政府投入、个人捐赠、单位或社会组织捐赠、基金项目收益等，基金会负责资金的管理和运作，社区基金主要用于开展居民文化娱乐活动、建设社区公共设施设备、举办提升居民自我教育活动、扶持社会组织等。

（6）组建"石凹街坊后花园"，打造文艺—公益联盟。结合石凹居民的特长与石凹特色，整合石凹社区服务中心、星光老年之家、石凹篮球、公园等资源，联合石凹麒麟文化队、客家山歌队、老年协会、妇女舞蹈社、义工队、篮球队等各公益、文艺组织，组建起有阵地、有队伍、有章程、有本地人、有外来人的"街坊后花园"。"街坊后花园"在 2015 年内共开展了各类文体、公益活动 75 场，服务人次约 6 500，活动类型丰富，群体众多。

（7）打造石凹"布益帮"布艺产业。"布益帮"是产业、艺术、文化与社区的融合。

石凹社区依托大浪服装基地资源，再结合织染缝纫技术，融入石凹的麒麟文化，打造具有石凹特色的布艺产业园：一是开拓社区布艺工坊和厂房，鼓励有意向发展布艺事业的居民和来深建设者创业就业；二是开设布艺展厅，长期展出布艺制品、服装，展示布艺产品相关文化，打造石凹时尚创意窗口，同时为园内企业中低端服装厂商提供展览、批发等服务；三是把石凹布艺与旅游业相关联，打造具有石凹特色的布艺一条街，将石凹的麒麟文化通过布艺创意输出，同时发展布艺DIY参与式体验销售；四是"布益帮"与大浪时尚城建立伙伴关系，合作生产创意布艺产品，构建设计、生产、销售价值链。

（8）发挥创意，"就地取材，变废为宝"。石凹居民创意不可小觑，他们利用现有资源和空间打造"乐和环境"。比如将空地改成"轮胎乐园"，解决社区儿童活动场地紧缺、活动题材不足、存在安全隐患等问题。从2016年4月初开始启动，在轮胎乐园里面已开展了"百变轮胎创意秀""缤纷轮胎大涂鸦"和"轮胎亲子种植赛"等活动。① 在社区的边边角角发挥小小创意，让"石头开花"，美化社区环境。还把烂尾楼改造成了深圳首家社区酵素工坊，使资源得到充分利用，又促进了"垃圾减量"行动，还带动了当地就业，以及开垦闲置荒地，打造玫瑰花园，增添社区色彩。

（二）石凹社区产城融合的特点

石凹社区产城融合的社会建设项目具有如下特点：

1. 系统规划

"接轨产业·乐和石凹"的产城融合项目是有规划地进行的。从时间上看，"接轨产业·乐和石凹"项目为期三年，从2014年10月到2017年9月，分为三个阶段，分别是初创阶段、深化阶段、提升阶段，每个阶段设有具体的目标，把进度管理与目标管理相结合。项目具体实施阶段和目标详见表1。从空间上看，石凹社区的定位是打造"时尚创意小镇"，在公园建设上：一是重点推进大浪市民公园与毓林公园连接处入口贯通工程，工程总投资192万元；二是推进大浪罗屋围新村社区公园建设项目，总投资900万元；三是推进大浪体育公园人工湖绿化种植工程，总投资816万元。在优化提升城市绿化景观方面，大浪办事处一是落实"五个统一"标准；二是根据新区每个办事处"一条样板路""一个样板社区"的建设要求和总体部署，推进华兴路、华旺路两条"样板路"的建设，项目总投资为2 200万元。②

① 周德萌，钟芬，林芳宇. 空地改成轮胎乐园　社区孩子乐翻天. 宝安日报，2016－06－15.
② 董群堂，钟芬."城市管理治理年"在大浪. 深圳商报，2016－06－06.

表1 "乐和石凹"项目实施周期一览表

项目阶段	项目周期	项目目标
一、初创阶段	2014 年 10 月至 2015 年 9 月	1. 改造石凹第二工业区
		2. 建设石凹新村
		3. 开展老村综合整治
		4. 创新社区治理
二、深化阶段	2015 年 10 月至 2016 年 9 月	1. 改造石凹第二工业区
		2. 建设石凹新村
		3. 开展老村综合整治
		4. 创新社区治理
三、提升阶段	2016 年 10 月至 2017 年 9 月	1. 改造石凹第二工业区
		2. 建设石凹新村
		3. 评选优秀案例
		4. 全面总结
		5. 介绍推广

2. 模式创新

一是社区园区融合，传统产业布局通常存在"重产轻城"的现象，从产业需求角度布局城市空间和利用城市资源，往往会造成对产业发展与城市功能协同的忽视。[①] 石凹社区避免了这样的城市规划误区，从系统层面规划社区与产业园区，让社区设置与园区功能相辅相成。二是微改微创，社区治理从居民身边最关切的事务入手，细微改变身边的环境，坚持做下来就是巨大变化。比如垃圾分类、清除街道牛皮癣、清理死角、道路破损维修、电线搭建整理等行动，将空地改建成"轮胎乐园"，把烂尾楼建设成"酵素工坊"，让整个社区在点滴的变化中变得舒适。

3. 多元参与、分工明确

石凹社区的每一个社区单位，从个人到组织，从企业到学校，都是"和谐大浪"建设者。[②] "乐和石凹"项目的每个子项目都有相应的单位或组织负责，这些社区建设主体包括大浪时尚城服务中心、石凹股份合作公司、石凹社区居委会、组织人事科、文化体

---

① 贺传皎，王旭，邹兵. 由"产城互促"到"产城融合"——深圳市产业布局规划的思路与方法. 城市规划学刊，2012（5）：30 - 36.

② 周德萌，董群堂，钟芬. 每个社区单位都是"和谐大浪"建设者. 宝安日报，2014 - 11 - 17.

育中心等（见表2）。社区内组建了石凹客家山歌队、麒麟文化队、妇女舞蹈社、老年协会、篮球队、义工队等各类兴趣组织支援社区建设。当然，每个居民的参与也是非常重要的，特别是在表达社区建设需求、积极献策上，能发挥重大作用。

表2　"接轨产业·乐和石凹"子项目及责任单位

子项目	细分类目	责任单位
创意石凹	创意石凹	大浪时尚城服务中心
品质石凹	品质石凹	石凹股份合作公司
宜居石凹	1. 综合整修乱搭接的电线	市容环卫科、石凹股份合作公司
	2. 强化社区消防系统功能	消安办、石凹股份合作公司
	3. 全面整治排污系统	水务中心
	4. 开展交通路段综合整治工程	建设工程事务中心
	5. 改造石凹社区户外文体广场	社会事务科
	6. 装修石凹社区办公楼	社会事务科、石凹股份合作公司
	7. 着力整顿社区环境卫生	市容环卫科、石凹社区居委会
	8. 开展炮楼修缮工程	建设工程事务中心、文化体育中心、石凹股份合作公司
乐和石凹	1. 成立社会工作站，建设本土社工专业队伍	社会事务科、石凹社区居委会
	2. 组建乐和互助会，夯实社区自治基础	社会事务科、石凹社区居委会
	3. 再造乐和联席会，搭建社区共治平台	社会事务科、石凹社区居民党支部、石凹股份合作公司、石凹社区居委会
	4. 推行"三事分流"，实行责任共担机制	组织人事科、社会事务科、石凹社区居委会
	5. 设立"接轨产业·乐和石凹"社区基金会，改革投入机制	财政办、社会事务科、石凹社区居民党支部、石凹社区居委会
	6. 组建"石凹街坊后花园"，繁荣社区文化	文化体育中心、石凹社区居委会

4. 社区自治

社区自治是石凹社区治理模式的又一大特点。从新公共服务理论可知，社区自治需要政府授权，把权力下放到地方，让社区居民积极参与到社区治理中来，让社区居民成为社区治理的主要参与者。

（1）用规则塑造行为。石凹社区居民自治的其中一个表现就是自己订立规则并遵守。比如石凹社区居民就订立的"电线搭建"公约、《大浪办事处石凹社区乐和互助会章程》《石凹社区乐和互助会议事规则》《石凹社区乐和互助会资金管理暂行办法》《石凹社区乐和联席会会议制度》等规则来塑造人们的行为，促进社区自治。为了使社区问题解决得更有效率和有秩序，社区创设了"三事分流"互补共生机制，明确责任共担，明确政府部门、社区、个人的职责和定位。

（2）社区治理从"推策略"到"拉策略"的转变。石凹社区建设的另一个特点就是把社区居民视为社区自治的主体，社区问题尽量让社区居民出谋划策来解决，对于社区建设的需求，该社区的居民最有发言权。"推策略"强调政府把相应的公共资源按照政府的意愿强加给社区居民，而没有问社区居民是否需要这些公共服务和公共产品；而"拉策略"则强调社区建设的需求是由社区居民来发声的，居民表达需求，其他主体根据居民的需求提供相应的资源支援建设，如此，社区居民才是社区建设的真正主人。石凹社区正是按照"拉策略"来治理的，例如石凹社区举办的"社会大讲堂"——"石凹'社区营建'居民协商工作坊"，邀请社区本地居民、租户、商户及企业界代表40余人为社区发展找问题、想办法，找准切入点"马上办"。①

三、石凹社区产城融合建设中的"政府之手"

社区的规划建设与发展总是与政府关系紧密。在石凹社区的整个产城融合建设过程中，龙华新区政府有关部门、大浪办事处发挥了相当大的作用，社区发展规划、社区协调、资源扶持、引导居民自治等方面，一直离不开政府的指导与帮助。

（一）规划之手

"规划工作的本质是特定社会条件下、应对当时当地社会需求做出的一种制度安排。"② 在石凹社区"一核多元、分工合作"的治理格局中，"一核"是政府及党委的角色地位，站在战略高处规划社区建设方向，定位社区治理蓝图，成立了专门的社区建设工作领导小组，由办事处党工委书记、办事处主任担任重要职位，领导小组统筹协调社

① 王敏，陈果，蒋春忠. 龙华新区探索社区园区融合互动新模式："乐和石凹"接轨产业推进融合. 深圳特区报，2015 - 08 - 12.
② 张庭伟. 规划理论作为一种制度创新——论规划理论的多向性和理论发展轨迹的非线性. 城市规划，2006（8）：9 - 18.

区建设工作，对重大事项和突出问题进行决策。例如在社区营建规划上，大浪办事处专门制定出《大浪办事处"社区营建"计划实施意见》《大浪办事处进一步整合综治资源推进平安社区建设工作方案》等10个具体实施方案为配套的"1＋10"方案，并将石凹社区作为社区营建的试点。① 又如办事处在2016年年初制定了"128个社区民生微实事"项目，主要分为社区环境整治、文体设施增设、居民消防安全体验、居民素质提升四大类别，涉及工程类项目14个、服务类项目93个、实物类项目21个。②

（二）协调之手

政府在石凹社区产城融合建设中，除了发挥规划作用，协调作用也是重要的。具体体现为社区建设的资源协调、社区融合的关系协调、社区参与的责任协调。众所周知，资源是有限的，在资源协调上，政府尽量把资源引导到最需要、最合适的地方，比如在社区硬件设施改善上要投入多少资金，在大浪时尚城招商引资上需要多少投入。社区建设用地可能有冲突，也需要政府出面协调。关系协调上，石凹社区政府有他们的一套方法，设立"党群乐和亭"融合社区关系。石凹在社区内的公园、球场、大榕树、楼宇间等空地设置了12个"党群乐和亭"。每个亭子由一名党员担任亭长，负责维护亭子的清洁和维修，同时收集社区人的难题、需求、建议和意见，不管是原住民还是外来务工者，来了就是"石凹人"，在"党群乐和亭"可以一起商讨社区建设方案、提出公共服务需求、表达社区生活的感悟。"党群乐和亭"是非常好的关系协调场所，它发挥了党与群众、政府与居民的对话作用，不仅拉近了社区人与人之间的关系，还收集了社区建设的好点子，让石凹社区变得越来越好。在责任协调上，"三事分流"机制又是石凹社区的一个社区建设创新点。"大事""小事""私事"划分清晰、分工明确，每个社区建设主体坚守自己的社区建设责任，使得整个社区建设秩序有条不紊。

（三）扶持之手

政府为石凹社区提供了各种资源，扶持石凹社区的产城融合建设。①资金扶持。在建设初期，大浪办事处投入8 000万元用于改造社区基础设施；③ "乐和石凹"社会建设项目获得政府经费支持30万元；龙华居委会资助16.1万元支持"石凹街坊后花园"计划，打造文艺—公益联盟。石凹前后至少获得8 046.1万元社会建设经费扶持。②人力资源扶持。政府邀请社会建设组织和专家分享社会建设经验，例如在"接力石凹"社区营建沙龙活动中，大浪办事处邀请了公众力公益发展中心、深圳综合开发研究院、居委会、石凹社区党支部等多个社会组织一起探讨石凹社区的建设之路。社会建设专家、"公众

① 李昌亮，董群堂，吕丹红. 寻"108将"培养社区营建草根精英——大浪办事处形成社区营建的"石凹现象". 深圳日报，2016－07－29.
② 董群堂，钟芬. "城市管理治理年"在大浪. 深圳商报，2016－06－06.
③ 王敏，陈果，蒋春忠. 龙华新区探索社区园区融合互动新模式："乐和石凹"接轨产业推进融合. 深圳特区报，2015－08－12.

力"创始人、深圳市马洪经济研究发展基金会理事长助理范军，北京地球村环境文化中心创办人兼主任、著名环保人士和乡村建设的理想主义者廖晓义，北京大学深圳研究生院人文学院副院长于长江等人都为石凹社区建设给出了建议。除了邀请这些社会组织和专家来辅助石凹社会建设，办事处还联合公众力中心，开展寻找培养社区"108 将"活动，培养社区骨干成为石凹公益项目的主办者、参与者、宣传者，建立"石凹裁缝、石凹织女、石凹染师、石凹义工"人才库，① 让这些扎根于社区的精英能够持续地引导社区居民自治。③场地资源扶持。为了改善石凹社区的儿童活动空间，政府将石凹的一块空地交由社区居民发挥，将其改造为孩子们的"轮胎乐园"；将烂尾楼交由社区创业者，建立深圳第一家社区酵素工坊。

（四）引导之手

在社区建设前期，政府的引导非常有帮助，可以让社区建设少走弯路，真正提高社区居民的持续自治能力。在观念意识引导上，龙华新区社工委自 2013 年 6 月开始举办活力龙华"社会大讲堂"活动，用讲座、沙龙、展览等形式建立社会建设共识，提升社区居民对社会建设的认知度、参与度与满意度。② 在实际操作上，大浪办事处举办了多场活动，到场的有居委会工作人员、党员、原住民、非户籍居民、物业工作人员等，办事处邀请社会建设专家"手把手"地教居民如何以罗伯特议事规则开会、以"云思维画盘"工具进行社区诊断，培养和提升自治素质。③"政府所要做就是把'门'打开，同时，将社会建设资源与本地社区对接"，政府和社区居民一起来制定规则、协商共建，提升居民对社区建设的热情，培养石凹居民的自主自治能力。④ "社区营建"重在"营"，"营"是一件持续不断的事情，需要社区精英和社区居民坚持不懈的努力。

四、结语

石凹社区的产城融合建设，发展了具有自己特色的治理模式。依托创意石凹、品质石凹、宜居石凹、乐和石凹各个子项目，石凹社会建设有规划、有步骤地展开，运用创新模式，引导居民自治。政府在其中发挥了重大作用，包括规划作用中的蓝图规划、项目规划；协调作用中的资源协调、关系协调和责任协调；扶持作用中的资金资源扶持、人力资源扶持和场地资源扶持；引导作用中的观念引导和方法指引。

对于政府参与社会建设，本案例带来这样的启示：一是社会建设需要政府的扶持，

---

① 金璐，钟芬. 社会各界支招"乐和石凹"建设. 宝安日报，2016 – 05 – 30.
② 吴雪平. 社区干点儿啥？居民说了算. 宝安日报，2015 – 08 – 12.
③ 李昌亮，董群堂，吕丹红. 寻"108 将"培养社区营建草根精英——大浪办事处形成社区营建的"石凹现象". 深圳日报，2016 – 07 – 29.
④ 金璐，钟芬. 社会各界支招"乐和石凹"建设. 宝安日报，2016 – 05 – 30.

特别是在社会建设初期。龙华新区地处原深圳市关外，属于深圳市社会经济后发区域，起步阶段的龙华社会建设，不管是硬件设施还是软件设施都比较薄弱，政府的适当引导与资源支持可让社会建设快速步入正轨。二是政府应逐渐把社会建设的重点转到观念与方法指引方面。政府资源扶持是有成本的，社会靠政府大量的资金、人力、物力投入，长此以往会给政府带来巨大压力，还有可能造成社会对政府的过度依赖。因此，政府的社会建设扶持，尽量"授之以鱼不如授之以渔"，应逐渐把社会建设的支持重点放在方法指引与观念引导上，让居民能够积极参与社会建设，树立社区自治的观念，提升社区自治的能力。

【思考题】

1. 龙华新区大浪办事处石凹社区产城融合建设的特点是什么？

2. 石凹社区产城融合建设为什么需要政府支持？

3. 在石凹社区产城融合建设中，政府发挥了哪些作用？

4. 政府扶持石凹社区产城融合建设中，如何引导石凹社区居民自治？

5. 石凹社区产城融合建设中的政府功能定位和传统的政府社会建设功能定位有什么不同？

6. 石凹社区产城融合建设中应用了哪些公共管理理论？

7. 你认为还可以从哪些方面促进石凹社区的产城融合建设？

8. 你如何认识与评价石凹社区产城融合建设中的政府作用？

"同乡村"流动党支部：社区治理的正能量

邹树彬

（管理学院公共管理系）

【摘　要】"同乡村"流动党支部是为了对移居异地的流动党员进行有效管理，以及寻求"同乡村"治理新机制而进行的一种探索。将流动党员纳入基层党组织管理范畴内，让流动党员与老乡进行沟通，有着其他人无法取代的优势。熟人关系网络为流动党支部参与"同乡村"治理提供了便利的资源。充分发挥"同乡村"流动党支部和流动党员的作用，可以带动外来务工人员参与到社区建设中来，促进了"同乡村"流动人口的自我管理、自我服务、自我发展，实现了外来务工人员与所在社区的和谐相处、共同进步。本案例体现了"同乡社会资本"在社区治理中的重要价值，为如何破解"同乡村"管理难题提供了新的思路。

【关键词】"同乡村"流动党支部　社区多元共治　社会资本

"同乡村"是外来务工人员的一种聚居形态。"同乡村"居民多来自同一个地方，他们有着相同的语言、相近的生活习俗，彼此间有着强烈的认同感，语言和生活习俗是将这些外来务工人员聚集在一起的强力纽带。数量庞大的同乡人群在城市一定区域内聚居，尽管可以"抱团取暖"，但也增加了城市管理难度。如何有效管理"同乡村"，是摆在城市管理者面前的一道难题。同乡村中居住着不少流动党员，他们不仅组织生活得不到保障，也无法接受党组织的教育和培训。采取什么方式对这些职业、身份经常变动的流动党员进行有效管理，也是党建的重要任务。深圳市罗湖区在 2007 年成立了 13 个"同乡村"流动党支部，试图以"老乡管老乡"的方式破解"同乡村"的管理难题。"同乡村"流动党支部作为社区治理的重要力量，深深地嵌入了城市生活之中。

改革开放以来，东部沿海地区经济的快速发展，吸引了数量庞大的农民的关注，他们向沿海地区移动，寻找新的发展契机，这一趋势造就了农民工群体的出现。这些农民在进入城市后，主要是通过老乡、亲戚与朋友的介绍找到第一份工作的，这在一定程度上是陌生的城市环境所造成的隔阂感以及关系本位下的惯性思维。这些农民工就将自己的圈子局限在同乡之中，扎堆聚居乃至社会交往。数量庞大的同乡人群在城市一定范围聚居，尽管可以"抱团取暖"，但也加大了城市管理的难度，引发了不少社会矛盾。

2005 年，深圳全市属于"同乡村"概念的群体有 643 个，近 200 万人，其中聚居人数在万人以上的有 15 个。罗湖外来人口 85.5 万人，由于地缘、亲缘、业缘关系，其中有近20万外来务工人员聚居在城中村，形成了颇具地方特色的"同乡村"。目前，罗湖千人以上的"同乡村"有20多个，几乎每个街道都有。"同乡村"问题长期影响着深圳的城市管理：一些违法犯罪分子藏匿其中，群众安全和社会稳定存在极大隐患；居住人口复杂，给辖区的计生工作增加了难度；存在"黄赌毒"现象，时常引发打架斗殴事件，影响居民正常生活；乱摆卖现象屡禁不止，阻碍交通，影响市容及卫生环境。政府部门为了应对这些问题，对"同乡村"进行了综合整治，采取的主要是"打""堵""管"等外部管理方式。这种方式虽然对规范"同乡村"秩序、打击违法犯罪行为、维护社会稳定起到了积极作用，但忽略了外来务工人员的利益诉求，没有激发其参与社会建设的积极性。

"同乡村"中居住着不少流动党员。这些流动党员因为外出就业或搬迁等原因，在很长一段时间内无法正常参加组织生活，组织关系也不在就业地或者搬迁地，大多数人与党组织失去联系或者很少联系，基本过不了组织生活。这些党员在不同的地域和行业之间频繁地流动，不仅组织生活得不到保障，而且无法接受党组织的教育和培训。采取什么方式对这些职业、身份经常变动的流动党员进行有效管理，党的组织建设就显得尤为重要。

"同乡村"流动党支部就是为了对移居异地的流动党员进行有效管理，以及寻求"同乡村"治理新机制而进行的一种探索。罗湖区在2007年成立了13个"同乡村"流动党支部，试图以"老乡管老乡"的方式来破解"同乡村"的管理难题。"同乡村"流动党支部加强了"同乡村"流动党员的管理，维护了"同乡村"外来务工人员的合法权益，作为社区治理的重要力量，深深地嵌入到城市生活之中。

一、罗湖区"同乡村"的前世

1. "同乡村"的形成

从高空俯瞰，在深南东路尽头，一片低矮的瓦房连片展开，仿佛城市丛林中的一块洼地，显得异常不合群。这里是罗湖黄贝岭社区，廉价而破旧的出租屋一直吸引着众多打工者来此落脚。如今，这里已拥有流动人口4万多人，其中，近2万人来自四川达州，是一个名副其实的"同乡村"。

1978年，改革开放的策源地罗湖的建设方兴未艾，建筑工地遍地开花。黄贝岭廉价的旧瓦房，成了早期来深寻梦的达州人落脚首选地。此外，当年通信工具缺乏，聚居在一起有事干可相互告知，工地的包工头也知道在哪里可以找到人干活。久而久之，如今黄贝岭公交车站附近的空地，便形成当年的一个露天劳务交易市场。黄贝岭达州"同乡村"由此而来。

东晓街道木棉岭社区地处龙岗和罗湖交界，以前是个典型的"三不管"插花地。大约 2003 年，因其房租便宜、生活成本低，逐渐吸引了大批的士司机前来扎堆，其中绝大部分为湖北洪湖籍。据该社区工作站站长陈志平介绍，目前长居在木棉岭的出租车司机及家属达 3 000 多人，约占社区总人口的 1/5。

一条罗沙公路，将位于罗湖莲塘的长岭村分成"冰火两重天"。罗沙路西侧，在原来长岭村的长岭沟里，崛起一片高档社区——东方尊峪。新社区气象磅礴、高档辉煌。而一路之隔的老村，仅有一条数百米长的弓形村道，连接罗沙公路。村道沿途分布五条古巷，古巷沿途密集地排着一栋栋楼房。走进长岭村的陌生人，可能会惊讶于这里众多的妇女、儿童。村道上走着的、草地上坐着的、出租屋里"哗啦啦"打着麻将的，大多是带着小孩的年轻妇女。在长岭村的万余名外来人口中，绝大多数是江西吉安的"的哥"或者他们的家属。"的哥"们早出晚归，他们的妻儿留守家中，成为长岭村最主要的风景。的士司机中有父子档、兄弟档，也有夫妻档。老乡们也有聚集效应，互相介绍而来，来了就开的士。①

从 1992 年攸县人在深圳拥有第一辆的士算起，20 多年来，数以万计的湖南攸县人，通过先行的老乡和熟人的关系，源源不断地涌入深圳出租车行业"淘金"。2010 年以前，深圳的士行业中攸县司机占了六成，现在也还有近万名攸县的士司机，加上他们的家属和为的士司机服务的人员，在深圳与的士行业有关的攸县人就有 4 万之多，福田的石厦村、皇岗村，罗湖的大望村，龙华新区的民乐村等，都被称作深圳的"攸县村"。

在罗湖区人口超过千人的"同乡村"中，本地原居民与外来人口是倒挂的。例如，集中在黄贝岭村的四川达州籍务工人员接近 2 万人，而黄贝岭村的本地人口却只有 3 000 人左右；集中在大望社区的湖南攸县籍外来务工人员 6 000 多人，而本地居民只有 1 000 人左右；泥岗社区总人口 38 416 人，其中户籍人口只有 7 300 多人，外来人口 31 000 多人，而这些外来人口又以四川达州人居多。据调查显示，"同乡村"中的外来务工人员 41～50 岁年龄段占比为 44.8%，大多数只具有初中及以下文化水平。

"同乡村"外来务工人员从事的行业很有特点。黄贝街道黄贝岭村与泥岗社区的四川达州籍外来人口，大多从事室内外装修、建筑等工作；南湖街道江西新余籍外来人口多从事家政、清洁工、保安等工作；在东晓街道、东湖街道、莲塘街道的湖北洪湖、湖南攸县、江西吉安三个"同乡村"中，以的士司机占多，这三个村也被称为"的士村"；笋岗街道湖北荆州籍外来人口主要从事废旧物资回收的工作；桂园街道江西新余籍外来人员主要从事家政服务工作；湖北襄樊谷城县外来务工人员主要集中在电子、制衣、玩具、机械加工等行业。

2. "同乡村"存在的问题

"同乡村"人口结构复杂，很容易成为滋生犯罪的温床和违法经营的窝点。一位泥

---

① 陈铭，庄树雄. 热闹长岭寂寞的哥. 南方都市报，2010-01-05.

岗社区居民说："我们这里以前住的人比较杂，有好多地方来的务工者，治安状况很不好，有时候双方之间几句话说不对口，就会起冲突，甚至各自纠集一帮人打群架，人数有上百人，大家都不敢上去劝架。"很多不法商贩为了逃避有关部门的管理制裁，纷纷扎营"城中村"，有的从事地下非法行业，如开蓝牌的士、倒卖自动车、砸汽车玻璃窗进行偷抢等，由于村内纵横交错的小巷以及复杂的地形为小偷与劫匪提供了便利，他们在作案后可以迅速钻入小巷，很快便不见了踪迹。还有相当部分的人员涉足"黄赌毒"，导致"同乡村"里的"黄赌毒"案件屡禁不止，由"黄赌毒"引发的恶性案件居高不下。"涉黄涉赌""偷鸡摸狗"等，这是警方对于"同乡村"的一种描述。

"同乡村"的外来务工人员来自同一个地方，说着相同方言，彼此之间有着共同的利益，如果出现违法犯罪活动或者受到相关管理部门的查处时，往往不愿意合作，他们普遍认为"我们有人数的优势，执法部门没办法全部处理"。在这种想法的支配下，他们往往会"抱团取暖"，维护共同权益，有时候甚至会爆发大规模的群体冲突，围攻国家机关，阻拦政府工作人员办公，围堵封路，严重危害了社会的稳定。

"同乡村"聚集了大量流动人口，成了很多"超生游击队"的藏身之处，给辖区计生工作增加了难度。"同乡村"流动人口对本辖区的工作人员有很强的抵触情绪，当社区工作人员上门采集信息时，他们或者闭门不出，或者谎报实情，给计生工作造成了很大的困扰。清水河街道泥岗社区工作站站长陈彤说："在计划生育信息采集上，很多社区工作人员会遇到地域性的隔阂，很多人或者不开门，或者对工作人员抱有一种怀疑的态度，使我们的工作不能顺利开展。"有些育龄妇女需要引产或者人流时，因为去正规医院会产生较多的医疗费，她们会选择小诊所做手术，这些小诊所并没有正规的许可证明，也没有干净的卫生环境，这样做可能会感染疾病，更可能会威胁生命安全。

"同乡村"的卫生条件令人担忧。由于外来人口较多，且早期城市建设落后，村内卫生状况不佳，再加上监管不到位和"同乡村"里居民整体素质不高，乱扔垃圾、乱倒污水现象非常严重。东晓街道湖北洪湖流动党支部书记胡桂梁说："我们这里是插花地，原来的地是罗湖的，但它在二线关的铁丝网之外，属于原来的关外，由龙岗代管，那时候是三不管，又乱又差，后来由于罗湖二线关的淡化，收回来自己管。支部刚成立的时候，这里的卫生脏乱差，乱扔垃圾现象十分严重。""同乡村"里开设了不少家乡风味的小吃店，很多都没有营业执照，饮食卫生状况不佳。村里乱摆卖现象严重，阻碍交通，影响市容环境。

二、"同乡村"流动党支部的建立和活动

1. "同乡村"流动党支部的建立

（1）成立契机。2004 年和 2006 年，深圳罗湖黄贝岭一带发生了两次较大规模的冲

突，冲突的双方是职能部门管理者和数万达州老乡，矛盾的导火索则是一些小事情，只不过刚好触动了积蓄已久的民怨，导致冲突越演越烈，最终引发群体性事件。事件平息后，罗湖区委、区政府思考，怎样才能让这数万人的聚居区少些摩擦。

同乡之间彼此生活习惯相近，知根知底，很容易沟通和相互影响。"同乡村"中的流动党员以前接受过党组织的教育，他们的政治素质与政治觉悟也要高于一般的群众，这些流动党员在外辛苦打拼，也希望得到党组织的关怀与帮助。而在"同乡村"建立流动党支部，将流动党员纳入到基层党组织的管理范畴内，让流动党员去与老乡进行沟通，有着其他人无法取代的优势。充分发挥"同乡村"流动党支部和流动党员的作用，能够带动外来务工人员参与到社区建设中来，同时也促进了"同乡村"流动人口的自我管理、自我服务、自我发展，实现外来务工人员与所在社区的和谐相处、共同进步。

从2007年初开始，罗湖区委主要领导多次深入社区调研，针对辖区同乡村多、流动人口密集的特点，提出了在"同乡村"建党，以党员带群众，以"老乡管老乡"，推进和谐社会建设的构想。2007年3月，罗湖区委组织部与出租屋综合管理办公室、公安分局、街道党工委等部门一起，主动与四川、湖北、湖南、江西等驻深机构联系，共同推进"同乡村"流动党支部的组织建设工作，加强对"同乡村"的管理。

"……我们希望在罗湖的外地党员能主动亮明党员这个光荣的身份，积极配合我们的工作人员进行党员身份登记，就近参加所在街道或社区党组织的活动，真正做到'离家不离党'。我们期待您的参与！"这是罗湖区委组织部致广大流动党员的一封公开信。罗湖区的十个街道党工委对辖区的同乡村进行了"拉网式"调查，挨家挨户上门找党员，并与流出地党组织取得联系，确认党员身份。①

（2）正式成立。2007年4月19日，罗湖区首个"同乡村"党组织——四川达州流动党支部成立。之后，罗湖区在全区共成立了13个"同乡村"党员支部（总支），管理流动党员458名。罗湖区委组织部希望，流动党支部的服务可以覆盖到同乡村30万农民工，引导同乡村流动党员充分发挥在外来人员中的示范带头作用，让外来流动党员在日常工作生活中亮出党员身份、展示党员形象、发挥党员作用，使流动党员"离乡不离党，流动不流失"，起到"拨亮一盏灯，照亮一大片"的作用。

罗湖区委组织部说，当初成立"同乡村"流动党员党支部的设想之一，就是让"老乡管老乡"，比如达州人占了整个黄贝岭人口的将近一半，老乡之间知根知底，地域文化和语言相通，有助于流动人口管理。对此，黄贝街道四川达州流动党支部书记邱兴堂表示认同，"真正的本地人才多少，以一小撮人去管一大群人，心里肯定不服。搞不好，小事情就闹成大事情了"。

他认为，达州党工委驻深流动党支部的成立，对于老乡最重大的意义在于，深圳这

① 王斗天，万鸿涛. 离乡不离党，流动不流失. 深圳商报，2007-07-09.

个城市有了一个自己的组织，可以通过这个平台向政府传递基层的声音。同样，政府的政策、声音也有一个可以传递的渠道，尤其当官方的资讯用乡音传递时，老乡的抵触情绪会少很多，工作效果也更好。

区委组织部与相关部门一起主动与几个在深圳务工人员较多的省份的驻深办事处取得联系，建立了流入地与流出地的组织部门、驻深办、街道社区党组织与房管、公安、商会等部门的联席会议制度，加强沟通联系，共同商讨流动党员管理工作，形成了"两地支持、双重管理、互助联动、资源共享"的运作机制。

2. "同乡村"流动党支部的职能与活动

（1）各社区居民委员会和出租屋综合管理办公室负责流动人口的信息收集工作。他们将收集上来的信息统一录入到流动人员信息数据库，然后由各"同乡村"党支部书记进一步核实，查漏补缺，更新数据库，并及时将相关人员情况反馈给当地政府和各地驻深办，使他们能够及时掌握"同乡村"流动人员的状况，使信息资源共享，为流动人员管理提供信息化平台。

东湖街道大望社区湖南攸县流动党支部计生协管员刘清平说："现在大望社区这里有我们老乡接近 6 000 人，这么多人的信息资料我这边基本都有统计，我负责采集这些信息，整理好后会反馈给社区，以方便社区掌握最新的数据信息，并且我会在电脑里面把我们攸县这边的信息导出来，然后我自己存档，以备以后查找。""计划生育这里有社会抚养费征收的问题，在这里流动的人口也有超生的，这跟攸县是有关系的，户籍地优先，大望这边是没有征收社会抚养费的权力，这边如果有人超生，户籍地那边要派人过来跟他们沟通，如果育龄妇女不主动回家的话，那个款是罚不了的。我们通过这个协会可以沟通户籍地，可以反馈一些信息给大望这边，也就是桥梁的作用。"

木棉岭社区工作站的三楼，是洪湖流动党支部的办公场地，墙上贴满了支部组织活动的照片，挂有社区群众送来的锦旗。在资料库中，胡桂梁拿出了厚厚一沓洪湖籍务工人员、洪湖籍孕龄妇女个人资料，上面登记着 3 000 名老乡的详细信息，这些是党支部、社区工作站、派出所联合登记后整理出来的。

"以前社区民警、消防、计划生育人员上门检查、登记，里面明明传出有电视声音，就是没人开门。好不容易叫开大门，简单说几句后就把办事人员关在门外。而现在有了支部党员的陪同，老乡多了份信任感，工作开展顺利了很多。老乡之间交往多，知根知底，原来登记的信息不一定是准确的，通过党员的摸底，更容易得到核实。"胡桂梁说。

（2）"同乡村"流动党支部依托所在街道的党工委、劳动、工会以及司法部门，积极解决老乡的工伤、欠薪、纠纷处理、帮贫等各种维权和关爱活动。清水河街道四川达州流动党支部从成立起到 2013 年，帮助老乡要回欠薪和工伤赔偿共计 200 多万元，2013年 11 月甚至派遣党员去珠海帮老乡讨薪，三天时间收回 37 万元。莲塘街道的江西吉安籍务工人员被老板拖欠工资三个多月共三万余元，准备集体上访。莲塘街道江西吉安流动党支部一方面做老乡的思想工作，另一方面积极通过街道和相关部门多次与工厂老板进行协调，最终在一周内返还了所有拖欠工资。桂园街道四川广安白市镇流动党支部书记鞠天龙说："在2013年6月，某个工地上有一个老乡因为老板欠薪问题要跳楼，认识的人赶紧给我们打电话，接到信息后我们迅速赶到了工地，站在楼顶上的老乡情绪激动，我主动告诉老乡自己是老家在深圳的流动党支部书记，向他保证一定拿到拖欠的工资，经过劝说，他的情绪慢慢地平静下来，然后表示不会再跳楼了。在我们的努力调解下，包工头最后把欠薪全部付清了。"

2008年初，市政府新增2 000台的士，的士司机因对此不满而准备罢驶，在13个"同乡村"中有三个村是"的哥村"（主要来自湖南攸县、湖北洪湖、江西吉安），涉及近千台的士。在这次事件中，三个村的流动党支部一方面向区委报告有关信息，另一方面积极给老乡做工作，最后做到了没有一台的士参与罢驶。

清水河街道四川达州流动党支部书记魏中彪说："2010年，有位老乡在草埔西商业街因为购买的手机充电器质量问题与商家发生争执，并被商家打伤，当时现场聚集了几万人，险些酿成群体性事件，我们支部党员第一时间赶到现场，一边安抚老乡情绪，一边尽可能地维持现场秩序，协助当地公安机关。最终打人者被行政拘留并被要求偿付伤者的所有医疗费。党支部的积极配合以及协助，使整个事件没有扩大化，同时老乡的合法权益也得到了维护。"魏中彪说，他已经记不清当了多少回和事佬，但经他出面协调的事件，有90%以上都达成了和解，有效地化解了矛盾。"谈不上有什么秘诀。就是用真情打动他们，做老乡的贴心人，做负责的老党员。"①

"实际上，有了流动党支部后，老乡的维权活动也更容易得到有关单位的认同。"胡桂梁说。不久前，的士司机付勇在换车时与公司发生矛盾冲突，胡桂梁和几名党员前去交涉。看到付勇的老乡来了，公司以为是来闹事的，胡桂梁说明自己是老乡的支部书记时，对方态度明显好转，"同样是维权，但有了党组织做靠山，更容易取得成效"。

2008年春节期间发生冰雪灾害，各"同乡村"流动党支部积极协助所在街道、社区在汽车站、火车站、学校等滞留安置地点为老乡们服务，劝阻想返乡过年的老乡8万余人，在很大程度上缓解了政府的工作压力。2008年汶川地震发生以后，在街道党工委配合下，川籍流动党支部积极行动起来，走访慰问川籍困难群众，共走访"同乡村"困难党员群众100余户，发放慰问金及物资10万余元。许多党员自己并不富裕，但是仍然向灾区捐款捐物，缴纳特殊党费，共计近50万元。鞠天龙说："2012年8月17日中午，在深圳务工的一名老乡骑着自行车去上班，途中手被停放在巷道的自行车严重划伤，并与车主发生争执，在短短的半个小时，双方引来各自老乡20多人，事态进一步扩大，我们得知情况后，及时赶到现场，经过对双方一个多小时的劝解，最终伤人的车主赔偿了老

---

① 彭森. 这里的党支部，也说俺家乡话. 深圳晚报，2011 - 06 - 24.

乡的医疗费，双方握手言和。"

东湖街道湖南攸县流动党支部成员每天晚上都会在社区义务巡逻。2013 年春节，由于接近三分之二的老乡回家过年，大望村基本成为"空村"，导致小偷盗窃事件频发，光是除夕和大年初一两晚就发生了四起入室盗窃事件。支部为了让回家的老乡过一个舒心年，从大年初二开始，攸县流动党支部自发组成了由党员与积极分子构成的 12 人治安巡逻队，在攸县人居住的大望村巡逻。这对小偷有着警示作用，减少了偷盗事件发生频率，保护了老乡的财产安全。大望社区湖南攸县流动党支部计生协管员刘清平说："小偷知道我们的士司机有巡逻，他们也怕了。他们胆子很大，知道你回家过年，专门在这一段时间内偷，平常他们不敢，知道家里都有人。巡逻时看到家里有人的，就跟他们说，楼上楼下没人，你们多关照一下。"

（3）东湖街道湖南攸县、清水河街道四川达州、东晓街道湖北洪湖和翠竹街道四川广安流动党支部，成立了计生信息采集队，共有 45 名信息采集员，每年都会挨家挨户开展信息采集工作，其中 2 名流动党支部党员受到了市计生委的表彰，2 名受到区计生委的表彰。四川达州等 4 个"同乡村"党支部成立了计划生育协会，探索"党支部＋协会"的计生服务新模式。以湖南攸县为例，湖南攸县流动党支部在东湖街道和攸县计生部门的支持下，在大望村成立了计划生育协会，协助社区工作站做好流动人口查孕、查环等相关工作，对于计划外怀孕及时采取补救措施，仅在 2014 年查孕 1 685 人次，结扎 15 例、人流 28 例、上环 26 例、引产 2 例，争取节育奖励 50 人。并向攸县相关部门反馈信息 35 条，向社区工作站反馈信息 50 条，为 60 多个家庭的子女办理了小学入学计生手续。四川达州与罗湖区共同成立了计划生育协会联合会，达州市计生委派驻 2 名工作人员，与达县流动党支部配合共同为流动人口提供计生服务，同时为老乡办理"流动人口婚育证明"，得到了老乡的一致好评。

（4）流动党支部利用各种途径，千方百计为老乡提供就业招聘信息，组织失业老乡参加免费就业培训班和招聘会。2013 年，区委组织部依托人力资源局平台，开设了月嫂、钻石检验、电子商务、网络营销等 4 个培训班，"同乡村"党员 30 多人参加了培训。湖北洪湖党支部成立社工服务中心后，每年都举办社工培训班，帮助 2 个流动党员拿到了社工证。四川达州流动党支部积极争取街道、达州驻深办的支持，在社区党员活动中心为同乡免费开设了电工、电焊、油漆工、电脑等培训课程，帮助 65 名学员找到了工作。南湖街道江西新余流动党支部书记刘冬平说："2012 年，我写了关于外来人员技能培训问题的议案，被罗湖区列为一号重点议案。后来区里组织部就决定免费开办培训班，名字是中嘉培训中心，学什么的都有，这也是为老乡办了实事。"

（5）很多来深务工的外来人口都将子女接入深圳，这样既方便照顾也可以让孩子接受更好的教育，但是由于户籍制度与教育体制挂钩，而且要进入城市公办学校，手续烦琐，很多老乡不知道如何办理。现在，通过流动党支部，老乡可以清楚地了解办入学手续所需的证件，并且党支部可以帮助办理相关证件，这也在一定程度上提高了办事的效率。与此同时，他们呼吁区教育部门，希望政府能重视外来务工人员子女上学问题，建议当地学校也要帮助外来务工人员子女尽快地融入当地的社会生活。

外来务工人员由于平时工作繁忙，业余生活较为单调，所以各支部动员老乡积极参与到社区义工队等各类组织中去，丰富他们的业余生活。江西新余流动党支部每年暑假都会举办以"关爱留守儿童、快乐一夏天"为主题的系列活动。通过"关爱留守儿童心理健康讲座"，引导留守儿童健康成长；与社区联合举办"快乐暑期家庭亲子运动会"，拉近留守儿童与父母的关系；组织留守儿童参加嘉南"社区学堂"的书画培训班及科普知识讲座，丰富留守儿童暑期活动等。这些活动解决了上班老乡的后顾之忧。每年高考期间，湖南攸县流动党支部都会组织的士司机义务接送辖区内的高考学生，在建党节或者重阳节等节日还会免费接送老党员、老干部去市区游玩。

胡桂梁说："在社区工作站的支持下，我们利用'四点半'学校的场地，开展了留守儿童夏令营活动，刚开始只管老乡自己的20多个孩子，通过5年的努力，加上政府的资助，到现在有130多人，不管是不是湖北籍的，只要是在社区的孩子我们都管，从老乡的小圈子已经走向社区了……上个月我们还组织了社区的老人深圳一日游，50个老人只有3个去过大梅沙，1个去过沙头角，没有一人去过世界之窗，主要是家人忙着上班，没人带他们去，所以我们就组织这些老人出去游玩。"

（6）2013年东晓街道木棉岭社区湖北洪湖党支部在街道、社区的支持下，成立了"的嫂互助会"，有1 000多名"的嫂"参加。以前，这些"的嫂"除了在家洗衣做饭、接送孩子上学以外，没有其他事情可干，于是就经常出现矛盾纠纷或者打麻将输钱后夫妻吵架的情况。现在成立"的嫂互助会"后，引进了不需要太多技能、能在家门口灵活工作的小企业——首饰加工厂，"的嫂"们做完家务就能来这里挣点钱，也可以把活领回家做。这样一来，不仅"的嫂"的生活变得丰富了，而且社区邻里纠纷明显减少，每个月还能多千元的收入。与此同时，组织"的嫂"志愿服务队，帮助社区有困难的居民。互助会还曾与看守所、戒毒所、武警医院等机构合作，进行普法宣传教育；培训"的嫂"们学习按摩方法，为丈夫排忧解苦。她们还参与社会自治，互相调解遇到的困难、纠纷。"她们都是老乡，风俗、语言相通，家乡话一说出来，调解非常有效果。"陈志平说。"的嫂互助会"还解决了社区工作站的一个大难题——流动人口信息采集和计划生育人口登记。木棉岭社区只有1名计生专干，不但人手少，以往上门登记时还经常被拒绝。有了互助会，"的嫂"们之间往来频繁了，心门打开了，流动人口信息和计生信息也能及时掌握了。①

胡桂梁说："原来'的嫂'的生活是这样的，老公出去跑车，她们在家没事干，就

---

① 冯庆. 管你家事　解你心事　为你无事. 深圳特区报，2013－06－29.

打打麻将，输了钱吵架了，家庭不和谐。再一个就是闲聊，一来二去，两句话不对口，两个人就吵起来了，所以就有很多矛盾需要我们支部去调节。后来我们把'的嫂'组织起来，成立舞蹈队或者平时组织她们去山上义务巡逻，她们有事干了，就不会出现一些没有必要的纠纷。"胡桂梁希望把"的嫂"从麻将桌上拉下来。"光靠'的哥'们养活一家子，实在太困难了。"他说，他还与水贝珠宝园的厂家联系了一些手工活，为"的嫂"寻找新的就业门路。①

（7）2014 年全市第一个"的士驿站"在罗湖区延芳路正式开始营业，驿站每天至少有 8 个菜，有肉有菜有汤，12 元自助餐管饱，用餐的司机无不竖起大拇指。提出成立"的士驿站"的是作为市人大代表的胡桂梁，他一直在为深圳"的哥"的福利而忙碌奔波。作为 2013 年罗湖区区人大督办的十件民生实事之一，"的士驿站"解决了的士司机的吃饭问题，同时也为他们提供了休息场所。

流动党支部成立后，深入了解同乡疾苦，协助困难党员和老乡走出困境。攸县籍一名的士司机 2010 年被诊断为尿毒症晚期，只能靠透析维持生命，攸县流动党支部了解情况后，组织党员捐款，经常走访慰问，同时还派党员与他结对子，并与民政部门取得联系，为他争取困难补助。2012 年黄贝四川达州流动党支部党员为同乡病重的儿子捐款近3 000元。

有了政策、资金的支持，流动党支部参与社会管理的领域进一步得到拓展。2013 年迎大运期间，洪湖流动党支部组织的士司机开展"文明出行，微笑服务"活动，为深圳大运会贡献了力量。党员司机们也成立了义工队，将服务对象拓展至老乡以外的群体。

三、"同乡村"流动党支部的行动逻辑

"同乡村"居民多来自同一个地方，他们有着相同的语言，相近的生活习俗，彼此之间有着强烈的认同感，语言和生活习俗是将这些外出务工人员聚集在一起的强力纽带。"同乡村"随处可见老乡开的各种餐馆、理发店或者是杂货铺，让人感受到浓浓的乡情，"独在异乡为异客"的孤独感少了很多。"熟人社会"的特点在"同乡村"中得到了很好的体现。熟人关系网络为流动党支部参与"同乡村"治理提供了便利的资源。

在东晓街道，有一块湖北洪湖市的"飞地"木棉岭社区，这里居住了 1 000 多名洪湖籍士司机和他们的 2 000 多名家人，在当地被称为"的哥"同乡村。下午 5 点正是"的哥"陆续交班收工的时候，木棉岭社区门口人流多了起来。他们三五成群，身着浅蓝色衬衣、黑色长裤，说着外人不易听懂的方言，走进密密麻麻分布着 200 多栋楼房的社区，或者在路边廉价的小饭馆聚餐，或者穿过"一线天"般的小巷回到家中，享受家

---

① 梁尹星，孙芬. 千名洪湖的哥扎堆木棉岭 记者实地走访"的哥村". 深圳晚报，2014 - 09 - 08.

人准备好的晚餐，这是他们一天生活中最温馨的时刻。社区内最大的一块活动场地——居委会楼前 200 平方米左右的文化广场，是洪湖老乡饭后聚集的地方。晚上 7 点，广场舞音乐响起，不少人跟着跳了起来。党员"的哥"樊孝飞来深圳前，在老家一家花鼓剧团当了 10 多年的团长，"同乡村"流动党支部成立后，他发挥自己的文艺特长，带着几名党员在广场教老乡跳舞、播放音乐，慢慢地老乡们喜欢上了这种热闹的广场舞蹈，现在每天都有近百人来这里开心地跳舞。

大望村里，攸县菜、攸县通讯店、攸县维修店的招牌随处可见。村里的人，见面开口说的是攸县话，一些做生意的当地人，常年与攸县人打交道，说的也是攸县话。大望社区湖南攸县流动党支部计生协管员说："在我们这里，只要出门，见到的人，我都能打上招呼，我对这里的老乡非常熟悉。"

黄贝街道罗芳村飘着干豆腐和腊肉的香气，烹油声"噼啪"作响，川音四处回荡。这里聚居了近 2 000 名四川达州人。"现在住在一起的许多同乡，都是当年放牛时就认识的人。"黄贝街道四川达州流动党支部邱兴堂说。在达州老乡们眼中，罗芳村不仅是属于自己的社群，也是家装工人的"人才市场"，已经形成了产业链。不同工种各有所长，凑在一起就是一支工程队。村里的男人们大都做着与室内装修有关的工作，女人们则大都做家政和室内清洁工作，"罗湖近八成的楼宇保洁，都是罗芳村的'阿姨'揽下的"。"我们在这里打工，举目无亲，社会当时又是排他的，我们没有实力又没有钱，就只能卖力气，互相帮带着。"邱兴堂说。四川达州人都会砌砖垒屋，这门技能容易上手，新来的老乡又有故人传授和引荐。①

清水河街道四川达州流动党支部书记魏中彪说："我们支部为老乡服务，不用我们去刻意宣传，老乡之间是会互相传的。老乡是群居，基本上整栋楼都是我们的老乡，或者是就近居住。晚上吃完饭串门，互相说一下党支部的事，大家就都知道了，口口相传，找支部寻求帮助的老乡也逐渐多了起来。"

泥岗社区工作站站长陈彤说："政府基层工作千头万绪，事情很多，比如说计划生育工作，尤其是信息采集、城管、维稳综治这些工作，如果只靠我们去处理外来人口带来的问题，会遇到地域性的隔阂。如果四川人发生了什么事情，你去处理，首先是语言沟通不畅，再者他们会认为你不是他们的人，会有排斥性。计划生育信息采集，我们让'同乡村'流动党支部去做，他们可以登记到，我们不能，他们通过发动老乡可以很顺利地完成工作。城管、法律法规的宣传这些工作，也是通过流动党支部去做，为我们减轻了工作量。维稳综治这块，如果政府出面去管，就没有回旋的余地了，而且很容易引起对方的抵触情绪，但是如果有党支部出面协调，起码可以稳住同乡的情绪，不至于把事情闹大。"

---

① 鲁力. 复制的川味村庄. 南方日报，2013 – 02 – 25.

"同乡村"流动党支部的工作成效离不开精英的作用。2000年9月，邱兴堂怀揣致富梦来到深圳，干过水泥工、开过小诊所，要求过组织生活却被拒绝。"2005年夏天，我偶然间在电视里看到一则新闻，说北方某个城市在老乡聚居的地方有流动党支部，能够给老乡提供一些基本的维权服务。我当时就想，3万多人的老乡群体聚集在黄贝岭这么个地方，我是不是也能做一些尝试。随后，我去村委，跟村里的书记讲，我曾经当过兵，在部队里入了党，能不能参加村里党组织，过一下党组织生活。然而，我的冒昧请求被拒绝了。"

2007年3月，四川达州驻深圳办事处来罗芳村找达州籍的党员，一时半会找不到，就把办事处的联系方式留给了村口的蓝牌车司机。邱兴堂得知情况后，主动前往达州办事处"报到"，并详细询问了办事处找党员的意图。一名姓廖的办事处主任说，达州政府想在罗湖黄贝岭一带老乡聚居的地方成立一个流动党支部，发动党员的带头作用进行管理。"当廖主任向我征求意见时，我列出的候选条件相当于帮自己做了一次广告。我的理由是，当支部书记一要有热情，二要有时间，三要有威望，四要有经济基础，而这些条件我都符合。办事处的负责人经过慎重考虑，选择了我。"一个月以后，邱兴堂被任命为流动党支部的书记，在支部成立大会上，罗湖区委书记刘学强亲自为支部授旗。[①]

由于老乡主要都是从事水泥工、建筑工等职业，劳资纠纷、工伤等情况时有发生，为了更好地维护老乡权益，他自学了很多法律法规和维权、维稳技巧，希望流动党支部能够成为老乡坚强的后盾，为老乡尽快融入深圳做出贡献。邱兴堂在2009年获得了深圳市委颁发的"鹏程先锋奖章"以及深圳市"优秀共产党员"的称号，2010年被四川省人民政府评为"劳动模范"。大小事做多了，"老邱还是有点办法的"这个口碑便传开了，党支部成为解决老乡大小问题的平台。

1993年，年方20的刘冬平跟随远亲来到深圳，当过工人、管过租赁、做过物流。在他的老家江西新余瑶溪镇，有许多和他一样懵懂离乡的人。仅在南湖一带，便居住着2 000多个瑶溪人。1992年，瑶溪镇政府在深圳设立了办事处。2007年6月8日，刘冬平被推选为南湖街道江西新余市流动党支部书记。刘冬平平日里做的都是服务同乡的工作：送小孩读书不知道怎么申请，要去找他帮忙；和老板闹工资纠纷，可以找他出面协调；为了让老乡们的职业更有技术含量，刘冬平把组织月嫂和珠宝鉴定免费培训的建议递交给了区政府；连周末的出游和少儿兴趣班，刘冬平都忙着张罗……2012年，一位同乡的女儿在幼儿园校车事故中不幸身亡，家属和幼儿园的赔偿方案没有达成一致，悲恸和愤怒之中，同乡们堵住了路。刘冬平一面用乡音安抚乡亲，一面联系校方、街道办事处和教育部门，争取更合理的赔偿，"他们在这里居住了一年以上，有深圳居住证，就要按照深圳的标准去赔偿"。刘冬平参加了八次谈判，一天要喝十几罐水，事情终获妥善解决。

---

① 杨磊，易榕. 我用智慧让自己扎根深圳，用理性为老乡寻求归属感. 南方日报，2010 - 09 - 17.

在刘冬平的带领下，老乡们渐渐有了归属感，也愿意参加到社区治理中，贡献自己的一分力量。南湖街道万余名新余人刘冬平已经认识了一大半，他被亲切地称为上万老乡的"家长"。2011 年刘冬平被社区居民推选为罗湖区人大代表。2014 年获得了深圳市"十佳爱心人物"称号，所在支部也被评为"优秀基层党组织"。利用人大履职的机会，刘冬平提出《外来工人力资源培训》的议案，建议政府为外来工提供免费的技能培训平台。罗湖区政府对此也及时做出了反馈，根据辖区产业特色开设了家政、珠宝鉴定等专业课程，让不少外来工实现了职业的突破。"我们努力，政府给力，都是希望大伙在深圳能过上更好的生活。""只要自己还有能力，就将全力帮助每一个来深的老乡。来了就是深圳人，希望能让大伙在深圳找到家的温暖。"刘冬平说。①

东湖街道大望村湖南攸县流动党支部书记荣发齐是攸县新市镇白竹村人，他当过兵，做过村委会主任。1999 年，正值壮年的他，从湖南攸县只身一人来到深圳，从一名农民工到优秀的出租车驾驶员。2007 年 6 月，大望村流动党支部成立，他被推选为党支部书记。荣发齐说，流动党支部的成立，就是期望攸县人在城市中遇到一些问题和矛盾时，党支部出面能化解或解决的，尽量由党支部来解决，防止事态扩大。"这个书记可不好当。"他感慨地说道，大到伤亡理赔、婚姻纠纷，小到夫妻吵架、"主班"与"副班"司机的矛盾，都需要他这个党支部书记出面去调解。每年在他的组织协调下，调解的民事纠纷都有 20 起左右，他被老乡称为爱管"闲事"的支书。

2008 年 1 月，汽油价格上涨，带来深圳市出租车运营成本的上涨，"的哥"盈利空间受到挤压，骚动和不安在一些"的哥"中蔓延，一些"的哥"策划不出车。荣发齐召集党支部全体党员开会，要全体党员做到"不造谣、不传谣、不停运"，并安排全体党员到"的哥"家中听取意见。他把党员收集到的意见整理后，与深圳市交通委员会进行沟通。深圳市交通委员会做出回应，在汽油价格上涨的情况下，给每台车每月补贴 1 468.3 元。"的哥"中骚动不安的情绪在两天内化解。②

李文雄是莲塘街道江西吉安流动党支部书记，2003 年来到长岭开的士，以前在湖北当兵。李文雄热心参加各种活动，还自学英语，终于通过考试成为五星级驾驶员并入户深圳。而他的妻子在长岭社区工作站工作，儿子也在深圳上学，"在这里住惯了，觉得什么都好，有家的感觉。"李文雄说。

魏中彪说："我们支部里面的成员虽然是农民工，出来打工的，但是我们支部里面的党员都是人才，很多都是村里面出来的基层干部，有当支部书记的，当村主任的，当民兵连长、队长的，我们支部里面就有好几位前支部书记，大家在一起，对我的帮助很大，都很支持我的工作。"

魏中彪多次获得深圳计生协会的表彰。湖北洪湖流动党支部书记胡桂梁被选为深圳

---

① 冯晓峰. 让每一名老乡在深圳找到家的温暖. 深圳特区报，2017 - 03 - 15.
② 邢丙银. "有事，就找流动党支部"：深圳"攸县的哥"的自治试验. 深圳特区报，2012 - 12 - 19.

市第五届人大代表、深圳市罗湖区党代表，提出了建立"的士驿站"的主张，方便广大的士司机就餐与休息。湖南攸县流动党支部书记荣发齐 2011 年被评为深圳市"优秀共产党员"，并且是深圳市共产党员示范车队中的一员。这些"同乡村"流动党支部书记用自己的行动带领老乡积极参与社区建设，创造机会帮助老乡融入深圳。

罗湖区委组织部组织员说："不仅仅是'同乡村'党建，组织建设实际上类似于精英建设，虽然是农民工这个群体，我们的书记人选包括班子成员，也可以说是农民工群体里面有代表性的、有影响的，他们里面的精英。人选非常关键，党支部书记有了想法以后，他能利用组织部或者街道给他们提供的平台，不断地拓展新的发展方向，我们给他们引导、支持、方向。通过党支部凝聚一批人，支部书记广泛地与老乡接触，发现各个领域里面的优秀人才，把他们纳入到党组织里。重视团队的培养，要考虑班子的建设，吸收更多年轻的、有代表性的老乡进来，保持活力，必须是可持续性发展。"

不少外来务工人员来到深圳后的第一份工作是老乡和亲戚主动介绍的。魏中彪说："老乡都是一个带一个的，以我为例，我是 1990 年出来的，当时我才 18 岁。我们村里面有一个人是 1989 年来的深圳，他熟悉深圳，也认识了一部分其他地方的老乡，挣了点钱，穿的也比我们好一点，回去一说他在哪里打工，老乡就说愿意跟他一起去，我也是被带出来的。先出来的带后出来的，有技术的带没技术的，慢慢地都带出来了。"黄贝街道四川达州流动党支部一位成员说："我们这里有一个类似劳务市场的地方，比如说有人是做园林的，他需要 50 个人，他来我们这里就能找到工人，我们这里分工是很细的，而且大家对彼此是做什么的都很了解，可以互相推荐，很容易就组成了一个劳动队伍。比如说收垃圾、装载及运输，很容易形成一个产业链……如果有人最近没活干，到村里的山边路那里去遛一下，就会有老乡给你介绍活干，很容易就找着工作。"

"同乡村"里同乡频繁的互动交往，使他们之间有了比较稳定的互惠规范，由此形成了"老乡有困难、有麻烦我们就应该去帮忙"的思维模式。由于大家彼此熟悉，遇到陌生面孔都会比较警惕，所以对社区治安也有很大的帮助。笋西社区一位居民说："我们这里的情况是这样的，通常互相帮忙的都是老乡，邻里之间发生什么事情我们都是要去帮忙的，虽然与本地居民之间的关系已经好了很多，但是帮忙什么的，还是感觉找老乡放心。"魏中彪说："我们一般在社区巡逻的时候，如果遇见不认识的人，都会上前询问，看他是否需要帮助，还有的人明显是在这里瞎转悠，不知道想干什么，所以一般情况下，我们都比较警惕。"

四、"同乡村"流动党支部的成效与反响

罗湖区通过让流动党支部参与到"同乡村"的治理中，建立了流入地与流出地联动管理、资源共享的管理模式，产生了多方面的效应。对罗湖区政府来说，"同乡村"流

动党支部的建立为有效破解"同乡村"治理难的问题提供了重要的力量；对罗湖区组织部来说，"同乡村"流动党支部是其党建创新亮点，通过流动党支部把流动党员管理起来，使流动党员在异乡也可以过组织生活，接受党的教育和培训，带动同村老乡，积极参与社区治理，加快社区融合；对"同乡村"流动党支部自身来说，作为流动党支部的干部参与到"同乡村"的治理中并且发挥自身的作用，引导和支持老乡，解决老乡遇到的实际困难，得到了区政府和区委组织部的肯定和支持，这对他们来说是自身人生价值的实现；对"同乡村"村民来说，"同乡村"流动党支部提供了意见表达的渠道，维护了他们的合法权益。

流动党支部建立以后，为地方政府与外来务工人员提供了一个传递信息与表达需求的渠道，成了地方政府和外来务工人员之间互相沟通的重要桥梁。流动党支部将政府的相关政策主张传递给老乡，保证政令向下畅通，同时，流动党支部也将"同乡村"的情况反映给政府相关部门，积极发挥好维稳信息员和报料员的作用。泥岗社区工作站站长陈彤说："党支部发挥隐性作用，我们需要收集的一些消息，要是光靠我们去问人家，人家肯定爱理不理的。但是通过流动党支部，他们与老乡之间互相聊天、消息互通，我们就可以了解需要的信息。比如发生一件事，我们能知道是谁带头的，就可以很快地处理，这是非常重要的。"

"过去打工者遇到难题，往往找老乡帮忙私下解决，或者酿成群体事件。如今的流动党支部成了流动人口与当地党委、政府之间的桥梁。"罗湖区委组织部组织科高延勇说，"通过流动党支部依法按程序找相关部门解决问题，就有了利益诉求的渠道和问题解决的平台。"

流动党支部向老乡发放互助联络卡，公布支部党员的联系方式，广泛收集社情民意，有事情都能及时地向相关政府部门反馈，并将老乡的需求反映给有关政府部门，为政策制定提供了有价值的参考，同时也消减了外来人员的社会隔离感，增强了社会认同感。流动党支部的建立，为外来务工人员参与和融入当地社会生活提供了一条便捷的途径。靠着这种老乡情，流动党支部不仅调解各种家庭矛盾，还积极参与社会管理，在政府与"的哥"之间，起着"减震器"的作用。

洪湖流动党支部成立后，印制了党支部的联系卡片并派发给老乡。卡片正面印有党支部主要成员的姓名和联系方式，背面印有"有困难，找组织"，并明确了定位："服务和维护老乡的合法权益、合理诉求，成为老乡和现居住地政府沟通的平台、连心桥。"党支部组织社区文化活动，为老乡维权，为老乡解决就业难题，节假日慰问贫困户，为重病老乡募捐，功能越来越全面，老乡们也渐渐将流动党支部当成了自己的"家"。

魏中彪说："融入社区这一点做得不错，地方政府给我们的机会很好，比如说，像我这个支部书记直接进入社区综合党委，成了党委成员，也就是说，我们可以和社区党委一起共事，研究一些重大问题，不像以前有事才找你。现在这样做也给了我们一种责任感，他们没把我们当外人，我们也会尽心尽力地干实事。"湖北洪湖流动党支部书记说："大家的家园意识变强了，原来就是感觉自己是打工的，社区好坏跟我没关系，现在不是这样了，感觉社区就是家，社区里的治安、卫生、文化活动等，大家都会积极参加……现在大家归属感也变强了，政府在户籍人口和非户籍人口的福利政策方面基本上都一视同仁了，虽然有差距，但是大家对政府的做法认可了，也愿意留在深圳了。"

流动党员也是外来人员，他们的外来身份以及同乡关系缩短了流动党支部与务工人员之间的距离，方便了流动党支部开展各项工作，缩减了政府社会管理成本。流动党支部为同乡解决各种困难，服务于同乡，这使得他们逐渐在同乡中建立了威信，发生突发性事件时，老乡首先想到的不是盲目上访或者纠集同乡联合行动，而是找流动党支部解决问题，这大大改善了当地的社会治安管理状况。"同乡村"由于外来人口多而导致的"脏乱差"的卫生问题，在流动党支部的协助下已经得到很大的改善。流动党支部成立义务巡逻队，对社区管理薄弱环节和可能存在的重大矛盾纠纷进行排查，改善了社区的治安环境，"同乡村"的入室偷窃、拦路抢劫现象已经明显减少。在受访的 125 位务工人员中，表示对流动党支部很信任的占 51.2%，表示值得信任的超过 80%，较高的信任度使得流动党支部成了外来务工人员的"娘家人"。

出租车司机向小东 2003 年到深圳做司机时，就住进了老乡聚集的木棉岭社区。这处房子是他们一家人在 2006 年租的，30 多平方米的一房一厅，房租每月 600 元，而周边商品房小区同样面积的房间月租金已经达到了 2 200 元左右。如同多数城中村，小巷两边密集分布着电信话吧、廉价的理发店、杂货店、饭馆，但这里却显得更有秩序，路面上也比较干净。"这几年，这里的环境、治安好了很多，比以前住着舒服多了。"

"达州党员走到哪里，党组织就建到哪里；党组织建到哪里，党员作用就发挥到哪里。"达州市委组织部部长杨天宗说："把达州'同乡村'流动党支部建成全省乃至全国有影响的典型模式。"2009 年 3 月 11 日，达州市驻广东流动党员委员会在深圳市成立。这也是全国第一个内地地级市在广东建立的流动务工群体党委，多名"同乡村"党支部的青年农民工党员被推选为党委委员。

湖北荆州、四川达州等"同乡村"党支部开展活动的消息传回老家后，家乡党委还派组织部长亲自动员支书们回乡——竞选村支书。"'同乡村'党支部的模式，也可以看作内地城市培养了党组织的后备力量，把深圳的党建经验运用到内地。"罗湖区组织部一位官员说。①

罗湖区拓展"同乡村"流动党员的政治参与空间。在市区党代表选举、党内评优、表彰以及关爱等重要事项中，把"同乡村"党员吸纳进来，鼓励引导他们更好地维护外来务工人员的权益。2010 年四川达州流动党支部书记邱兴堂当选为市党代表，湖北洪湖

---

① 刘昊. 家在哪里？深圳罗湖. 南方日报，2013 - 10 - 21.

流动党支部书记胡桂梁当选为市人大代表，邱兴堂还被选为深圳大运会的火炬手，四名"同乡村"党支部书记分别当选为区党代表和人大代表，另有七名"同乡村"支部班子成员通过换届选举进入社区两委班子，还有三名流动党员返乡参选村支书，得到家乡群众的积极支持，为农村基层干部队伍带去了活力、补充了新鲜血液，促进了城乡一体化建设。

2011 年 7 月 20 日，广东发布《关于加强社会建设的决定》，其中提出外省籍人口集中地，探索以地籍为纽带建党团组织，对"老乡管老乡"的流动人口管理模式表示了肯定。

五、"同乡村"流动党支部面临的问题和前景

区政府每年给流动党支部下拨专款 50 万元，除去支部书记补贴，每个支部有 2 万～3 万元的活动经费，这些经费全部划拨到街道组宣科。如果开展活动需要经费支持，首先由支部书记写申请书，然后由街道审批，只要拿相应金额的发票，支部就可以直接从财务科支取现金。但是现在由于党支部没有独立账号，划拨的钱又不能直接打到私人账号上，所以这笔钱不能得到充分利用。

陈彤说："平时搞个活动，都报不出来，要事先审批，手续很严格，比如我们开完会吃个饭、喝点酒，联络一下感情。我们这些党员又没有工资，大家耽误一天工作就是200 ～ 300 元钱。按现在的审批制度，这笔钱报不了。平常我们去看病人、慰问，手头没有钱。举办活动买点水，还要人家给账号转账，很麻烦的。"魏中彪说："到了年底这部分资金没有使用的部分就直接收回去了，另外还有一个影响，支部的其他成员会想，今年怎么什么活动都没有？不像当地的党员都是有工资的，我们这些人没工资，所以大家还是比较在乎政府下拨的这些经费的。"

在走访的党支部中，每个支部都是在社区工作站开展活动，没有自己独立的办公地点，交流活动场所有限。四川达州流动党支部一位党员说："我们支部好多事情都会跑到书记家里面去商量，我们白天上班晚上才有时间，有时候晚上商量到比较晚，会影响家人休息，我们住的离社区工作站较远，去工作站也不方便，可以就近选择一处作为我们的办公地点……如果有一个帮助达州老乡各方面的协调中心就好了，去社区工作站解决问题，没多少人愿意去，总感觉跟我们不在一条线上，没有亲切感，有思想上的障碍。"

魏中彪说："街道给我在社区工作站安排了一个办公室，有七八年了，但是我基本不在办公室办公，很多时候开会，不论大会小会都在我家里开，资料文件什么的我都搬回家里了，有事你到家里来找我。我白天要出去工作，而且又不给我发工资，我有可能每天坐在办公室里吗？计生药具什么的也全都放在家里，这样方便发放。"

流动党支部虽然大多数在 2007 年就成立了，但发展并不顺畅，近几年有些停顿。四

川达州流动党支部一位党员说："以前刚成立的时候，街道、区里都管，成立几年后逐渐就没人管了。以前书记、副书记每人200元的补助，现在几年都没看见了。"缺乏上级的关注与持续支持，使得流动党支部的工作积极性受到影响。

邱兴堂说，为了维稳，他经常自掏腰包解决当务之急，很多本不属于流动党支部协调的问题，越来越多的从政府主管部门转移到流动党支部。作为流动党支部，主要的工作是党员管理的范围，但现在，社会管理的任务已经远远超过了党员管理的范围，这给他的工作增加了不小的压力。"我希望流动党支部的社会管理职能，能够向综治办挂靠。"邱兴堂说。因为缺乏"政府背景"，他出面协调纠纷时，往往遭遇老乡的质疑，而在同政府协调相关事务时，他也面临"体制外"的尴尬。"很多时候，我只能依靠同情和理解，还有我个人的热情来开展工作，这似乎不是长久之计。"邱兴堂说，如果有一天他的经济状况不佳，需要花更多时间谋生，他希望还有制度可以保障流动党支部的运行。①

2010年开始，罗湖区加大城市更新力度，不少"同乡村"纳入旧改规划，"同乡村"面临瓦解的命运。居住在黄贝岭旧村的近2万四川达州老乡中，有约2 000人搬到了靠近深圳水库的罗芳村，还有数百人搬到了龙岗的布吉和坂田，大多还是选择在附近租住。"不敢搬远，除了黄贝岭片区的租金仍相对便宜外，最担心的是脱离老乡群体，以后没活干。"搬家还是回乡？邱兴堂认为，大多数老乡还会继续留在深圳，"现在做建筑的一天可以拿到220～250元，尤其是我们达州人，因为能吃苦，现在我们的人工是同行里最高的，电焊工可以有280元一天，深圳这个地方市场还是很大，机会还是很多"。邱兴堂说，他这个"书记"不好当，"同乡村"散了，党支部何去何从自己心里也没底。不过，罗湖区组织部有关负责人给出了肯定答复："继续保留。"②

从2013年9月开始，罗湖区委区政府开始进行党政社群社区共治试点工作，党委、政府、社会各界和居民共同治理社区，流动党支部作为参与"同乡村"治理的一支重要力量，如何继续发挥作用，值得我们进一步思考。

【思考题】

1. "同乡村"流动党支部与传统的同乡会有何差异？
2. "同乡村"流动党支部的功能是什么？请从党建和社会治理的角度进行分析。
3. "同乡村"流动党支部发挥作用的机制是什么？请从社会资本的角度进行分析。
4. 精英在"同乡村"流动党支部中的作用是什么？
5. "同乡村"流动党支部这一探索如何持续下去？

---

① 杨磊. 农民工"书记"的幸福追求. 南方日报，2011 - 09 - 15.
② 李耀海. 告别"同乡村". 南方都市报，2011 - 11 - 10.

南山街道"社区专员"机制：城市社区治理创新案例

唐　娟

（管理学院公共管理系）

【摘　要】 2013 年，广东省深圳市南山区南山街道办借鉴香港和新加坡的做法，在荔林社区探索"和睦荔林·幸福人家"社区服务中心新形态中尝试实行"社区专员"机制。2014 年，又选择在比较有代表性的月亮湾、登良、阳光棕榈三个社区推广，进一步扶持社区专员，取得明显成效。2015 年，"社区专员"机制被推广到辖区内各个社区。"社区专员"机制尊重居民群众在社区治理中的主体地位，探索利用"本土精英"促进基层社区治理效果，激发社区积极分子参与社区治理的激情，并通过社区积极分子的示范带动效应，动员更广泛的社区居民更有效地参与社区治理的各个领域。

【关键词】 居民积极分子　社区专员　一核多元

城市社区是城市基层群众自治制度日常运行的重要场域，近年来城市社区居民代表大会、业主大会、社区议事会、社区听证会、居民论坛等居民生活政治的结构形式和实践形式，在各地都不同程度地搭建起来，构成了居民自治的制度细节。然而这些制度细节虽被设计出来，却并不意味着自动激活，实施效果的好坏关键在于是否存在着有意义的居民参与。有意义的居民参与并非全员参与，而在于日常生活重心或部分利益系于社区的居民积极分子对社区事务的有效参与。如何发掘和动员居民积极分子有序参与社区事务？近年来，南山街道在社区建设实践中推出了"社区专员"的激励机制，有效激发了居民积极分子对社区事务的有效参与，为城市基层治理中群众动员工作提供了一则有价值的案例。

一、背景与基础

广东省深圳市南山区南山街道办事处成立于 1983 年 10 月。街道辖区位于南山区南部，南头半岛中部，东至南油大道，与粤海街道接壤；西濒珠江口，与大铲岛相望；南接大、小南山，与招商街道毗邻；北至学府路，与南头街道相连。辖区总面积 23.9 平方公里，下辖南园、南山、南光、向南、北头、荔芳、登良、荔林、荔湾、月亮湾、学府、鼎太风华、阳光棕榈 13 个社区和南源、荔源、南岗、向南、北头 5 家农城化股份公司，人口约 25 万，其中户籍人口不足 5 万。

因地处南山区新老城区交汇之地，南山街道辖区呈现"五多"的特点，即旧村多、出租屋多、流动人口多、工商企业和娱乐休闲场所多、环境污染大户和危化品企业多。面对巨大的社会管理压力和繁重的社会建设任务，南山街道如何突围？基于五方面思考，南山街道推出了"社区专员"机制。

第一，2005年，南山街道月亮湾片区居民积极分子与人大代表联合，原创性地建立了"人大代表工作联络站"机制，使居民的利益诉求得以制度化、有序化表达，激活了基层群众自治制度和基层人大制度。2008年，"人大代表工作联络站"制度因其有效地疏通了群体性诉求渠道，在全省乃至全国反响很大，荣获了第四届中国地方政府创新奖，并开始在全市推广。

第二，现任街道领导的历史偏好。现任街道领导认为，乡绅、乡贤是民间基层中有德行、有才能、有声望且深为当地群众所尊重的人，历史上，其参与管理社会事务，有效维护地方秩序是中华民族优秀传统文化的体现，是政府可以信任的力量，也是民众联系政府的桥梁和纽带。

第三，丰富的社区人才储备。街道辖区内的社区已由过去单纯的居住地演变为各种群体聚集、各种文化交融、各种社会组织交汇的场所，深藏着大量宝贵的组织资源和人才资源。改革以来更是吸引了一批工作经验丰富、行业及专业特长突出的优秀人才，他们热衷于社会公益服务，既有知识有能力，也有时间有精力，并获得社区居民群众的支持与信赖，享有坚实的群众基础。

第四，现实的社区治理需求。2005年深圳设立社区工作站，将其作为政府在社区的服务平台，目前社区趋于行政化，自治功能虚化。首先是现行居委会、"两代表一委员"作用发挥有限，症结在于：一方面，大部分参选人员选举的产生地与居住地分离；另一方面，深圳外来人员比重大，外来人员参与选举受限于居委会选举规定，难以选举出代表其利益和诉求的居委会成员。其次是社区居民身份变化，邻里守望文化淡化，社区居民由以前的"单位人"和"村里人"变为来自五湖四海的"社会人"，人与人之间、个人和群体之间、群体与群体之间的沟通缺失。

第五，借鉴境外经验。新加坡和香港均是具有华人人文环境的国际城市，其城市社会治理经验值得深圳这个城市化特区学习借鉴。新加坡人民行动党较好地实现融政党于社会，把党内精英和社会精英聚合到一起是其成功关键。该党严格执行了接访选民等密切联系民众制度，通过与选民沟通，了解社情民意，听取选民意见，解决选民诉求，增进互相理解。香港实行社区议员制度，议员由普通选民选举产生，其成为基层民主议事制结构的中坚力量，让政府和社会之间有沟通、有缓冲，最大限度地释放民意。

二、做法与经过

南山街道在反省现行基层社区治理模式的特点和局限中，渐进性地探索利用"体制外精英"促进基层社区治理效果，走出一条能真正通向基层社区自治的道路。2009 年，南山街道在辖区月亮湾片区创新性地利用辖区居民——敔建南设立的"人大代表工作联络站"，有效地疏通了群体性诉求渠道，在全省乃至全国反响很大。近年来，南山街道在社区建设实践中，发现各社区均存在着一大批热衷于社区公益服务的团队骨干、意见领袖、乡贤达人等社区"本土精英"。他们或有时间有精力，或有专长有能力，能够获得社区居民群众的支持和信赖，享有较高的社会声望和地位。有鉴于此，为密切与协调居民关系，革新居民自治，践行"植根于民、为民而动"的社区管理服务理念，借鉴香港"区议员"和新加坡人民行动党议员的做法，南山街道提出创新实践"社区专员"机制。

2012 年，南山街道在荔林社区首创"社区专员"机制，2013 年后又在各具特点的月亮湾、登良、阳光棕榈、鼎太风华四个社区推广，已累计设立 37 名社区专员。经过近两年的探索实践，总结出一套社区专员在社区自治中发挥重要作用的可推广、可复制的经验做法。

第一，以社区需求确定专员岗位。每个社区根据社区特点，开展需求问卷调查，准确定位居民的日常需求，分类设立作用明显的社区专员岗位，岗位职数原则上不超过十个。如针对荔林、鼎太风华社区饲养宠物行为普遍的现象，设立宠物管理专员，有效解决饲养宠物引发的各类不文明行为及纠纷投诉；如针对月亮湾社区拖车司机聚集的情况，设立拖车行业专员，有效收集拖车司机的民意民声，及时介入，化解社会矛盾。

第二，以社区党委聘任解决专员身份。深化"一核多元"社区治理模式，强化社区综合党委的领导核心作用，由社区综合党委聘任社区专员，聘期一年。社区综合党委结合社区居民需求，广泛动员，深入发动，积极开展社区专员招募活动。根据社区居民主动参与报名情况，严格筛选合适人选担任社区专员，通过统一举行聘任仪式、统一颁发聘任证书、统一制定服务手册、统一公开监督渠道等方式进一步强化社区综合党委的领导核心作用。目前社区专员基本由三类人构成：群众已认可的社区社团领袖，如文体、行业协会专员；社区急需且挖掘出的合适人员，如宠物饲养、文明促进、环境卫生专员；社区急需但还未挖掘到合适人选而暂由社区工作站工作人员过渡的，如登良社区的青工服务专员、荔林社区的党建组织专员。

第三，以规范的制度保障专员履职。制定《社区专员实施办法》，明确对社区专员的选聘、培训、激励等十项规章制度，促使社区专员更好地履行职责。如设立项目扶持资金制度，对社区专员开展服务项目活动予以一定经费支持。制定社区专员八大工作流程，明确诉求化解及问题解决的工作流程，指导其更好地收集和解决居民合理诉求，如固定联络站收集民意工作流程，设立社区专员联络站，为其提供办公场所和办公设备，实现社区专员与社区居民"面对面"无障碍沟通交流。编印《社区专员服务手册》，将社区专员的服务类别、姓名、联系方式、服务承诺等信息具体列明，并向所在社区的居民免费发放，不仅方便居民能充分了解其服务内容，也有利于社区专员自觉兑现服务承诺。定期在社区宣传栏、社区家园网等载体公示社区专员工作情况，接受社区居民的监督和评议，促进其服务工作变得更加规范有序，实现其自我管理与被管理双重到位。

目前，社区专员便民、实效地收集民意践行三种形式：一是轮值定时到联络站与来访居民面谈收集意见、解释政策以及帮助解决问题；二是任期内进行一定量的走访工作，挨家挨户登门拜访居民、询问和听取意见；三是通过使用公示的手机、家园网等途径收集和解决居民合理诉求。社区专员需诚心实意收集和解决居民合理诉求，并敏锐察觉社区事务中出现的一些细微问题所引起的民意反应。通常情况下，社区专员可选择性采用七大方法来化解诉求和帮助居民解决具体问题：一是对居民反映的问题，尽心尽力为居民提供解决问题的途径和信息；二是对能够当场回答和解决的问题，就地予以解决；三是对一时解决不了的问题，向居民提出处理的方法和建议；四是涉及政府部门或商业机构的问题，由社区专员本人向政府部门或商业机构反映并跟进解决；五是必要时，可邀请政府或商业机构一起现场办公，加快问题的解决；六是对一些有悖法律和政策的问题，由社区专员向居民做出具体解释，耐心细致地做好说服工作；七是涉及一些具体普遍性而在现行法律及政策框架内暂时无法解决的问题，由社区专员提出提案，逐级上报。

第四，以多方联动促进专员履职常态化。整合社区管理和服务资源，将社区专员工作职责与社区服务中心服务方案有机结合，融入社区综合党委、社区工作站、社区居委会等社区组织活动。形成"专员＋社工＋义工"模式，专员的"熟人"优势、社工的专业技能、义工的公益精神可以促进优势互补，良性互动，有效解决了当前社区服务中心面临服务内容同质化和居民普遍反映被服务的问题。

第五，以团队支撑专员可持续发展。社区综合党委将已有义工队伍分类归队配给社区专员，并由社区专员继续招募其他人员发展壮大义工队伍。社区综合党委还将社区服务中心的社工和部分社区工作站工作人员按其专业特长分组协助社区专员，社工协助社区专员策划活动方案，社区工作站人员跟进协调和提供费用支持，大力扶持社区专员开展社区服务活动，形成了具有战斗力的团队和社区专员人才梯队，有效支撑社区专员队伍可持续发展。

第六，以荣誉激励专员履职热情。由社区综合党委牵头每一季度召开一次专员履职经验分享会，年终评选履职能力强、被社区居民认可的优秀专员，街道党工委给予精神奖励。街道办的年终重要会议邀请社区专员参加，积极推选他们担任区人大代表、政协委员，吸纳一定比例的社区专员通过选举进入社区居民委员会成员班子，邀请社区专员或社区积极分子对辖区内重大项目建设进行社会评价，通过大力宣传提升辖区居民对社区专员的认知度。

三、成效与反响

"社区专员"机制在社区居民自治管理、自我服务上传承中华历史文化，深入挖掘社区人才资源，借鉴香港、新加坡成熟的城市基层治理经验，进行社区再动员、再组织，全面推动社区管理向社区治理的转变。"社区专员"机制受到辖区群众的普遍欢迎与支持、深圳市委的充分肯定，已成为南山街道践行群众路线的重要着力点、密切党群干群关系的重要举措、解决民生急需的重要渠道、改进干部作风的重要手段。

经过两年的探索实践，"社区专员"机制初显成效，社区和谐、社区自治、社区文明及社区文化等方面得到持续提升。

第一，社区和谐力持续提高。社区专员在协调居民关系、化解居民矛盾、维护社区稳定方面起到"调解器"的作用，有效营造了社区和谐氛围，增强了社区凝聚力量。自"社区专员"机制实施至 2014 年 7 月，累计接待居民 1 746 人次，收集各类意见 460 条，协调解决 424 条，解决率达 92%。如登良社区工业企业和服装商铺较为集中，包括劳资纠纷、租赁纠纷等各类矛盾纠纷频发。自设立服装行业专员以来，其自觉排查发现各类矛盾纠纷隐患，主动听取居民意见，全力帮助居民解决纠纷，积极引导居民依法维权，形成以"社区为本"的社会纠纷调解机制，基本实现矛盾纠纷不出社区。两年多来，该社区信访总量同比减少 20%，累计受理外来务工人员各类合理诉求 95 宗，成功化解率达 98%。

第二，社区自治力稳步提升。社区专员是激活社会活力、促进社区自治的"助推器"。自社区专员制度推行后，社区再动员、再组织能力明显增强，社区专员能够将更多社区活力"融"起来，使社区居民由"旁观者"变成"参与者"，引导他们主动参与社区"共管共治共享"。如月亮湾社区存在市容环境、消防安全隐患等较突出问题，于是，社区设立商铺自律专员，其带头劝导督促超线商户规范经营，并深入各商铺动员筹备"月亮湾社区商铺自律会"，积极收集商铺经营者对外立面改造的意见和建议；设立消防安全专员，其带领义工进商铺、上阁楼，查看灭火器等消防设备状况，自觉消除安全隐患；设立环境卫生专员，其带领义工为超线经营商户搬物品、扫垃圾，清理辖区乱张贴和乱堆放等，在辖区起到了良好的带头示范作用。

第三，社区文明力持续增强。城市文明程度如何，市民文明素质如何，社区是对其最基础、最直接的反映，社区专员是弘扬社区文明新风的"引导器"。自社区专员机制实施以来，在公共秩序、公共环境、人际交往和公益行动等方面的社区文明程度得到较大提升。如荔林社区曾经存在较为突出的不文明养犬行为，南山街道专门编印文明养犬守则等宣传资料派发给各居民，其宣传效果并不明显。自聘任社区宠物饲养行家担任宠物管理专员后，其牵头成立"宠物协会"，设立"宠物精灵吧"，制定宠物管理规定，编印宠物饲养手册，组织宠物选美、文明饲养连连看等宠物饲养交流活动，有效规范了养犬行为，营造了文明养犬氛围，彻底解决了困扰该小区多年的养犬投诉问题。

第四，社区文化力快速提高。在加强社区文化硬件基础设施建设的同时，更要注重社区文化软件环境的提升，社区专员就像"助燃器"，有助于推动社区文化队伍等软件配套建设，深刻挖掘社区文化内涵，从而增加社区文化力。如在荔林社区，社区专员们组建合唱团队、书法队、腰鼓队等12支兴趣队伍，组织居民参与邻里节、运动会、跳蚤市场、登山节、百家宴、家庭才艺秀等各项文化体育活动；在阳光棕榈社区，社区专员们组建社区艺术团、摄影协会、儿童绘画室、老年武术队等18支文体兴趣队伍，组织居民开展了乒乓球、太极拳、书画展等文体活动，其中老年人代表队参加市、区各类文体比赛，屡获佳绩。

四、探讨与评论

社区专员在基层社区治理中的横向性、互动性、自治性和自主性上减少了制衡、约束，避免信任危机和市场经济的冲击，在政府与居民间形成有效缓冲纽带，具有制度性优势。推行"社区专员"机制是推进"一核多元"社区治理模式的活性因子，将在基层编织一张"党委牵引、社区专员结点、义工成线"的社会再组织、再动员的群众路线之网，将在矛盾、冲突事件中凸显"缓冲器""减震器""稳定器"的作用，在和谐幸福社区建设中彰显"润滑剂""活化剂""黏合剂"的功效。社区专员处于基层政府与民众之间，起到"中间人"的缓冲作用。社区专员能融入民众之中，并敏锐察觉社区事务中出现的一些细微问题所引起的民意反应，让民意得到最大限度的释放，将社会矛盾、冲突消除在萌芽状态或渐进式稀释社会矛盾，其特殊身份和地位起到"减震器"和"稳定器"的作用。社区专员通过组织社区服务活动，有效地加强人与人之间、个人和群体之间、群体与群体之间的沟通，改变了邻里间"老死不相往来"的现状，让邻里间和睦相处、守望相助的中华民族传统美德发扬光大，起到"润滑剂"的作用。社区专员引导更多居民参与社区活动、融入社区，增强居民对社区的认同感和归属感，促进政府依法管理，整合社会力量，妥善化解家庭矛盾、邻里纠纷，解决物业管理等各种社区问题，让群众可依可靠，是群众的放心人，起到"活化剂"和"黏合剂"的作用。

"社区专员"机制是激活社区再动员、再组织的制度性"织网工程"，是推进基层服务管理在理念、方式、方法上的大胆创新。基层社区工作从领导转变为指导，从管理走向治理，从依靠体制内精英到依靠体制外的社区贤达，民意诉求表达路径从"纵向反映"向"横向沟通"大转变，特别是在当下体制和机制尚不能完全改变的情况下，把社区的公共事务交给居民自己操心商办，是加快培育居民的公民意识、责任意识、大局意识及法律意识的可行路径，也是为今后社区自治组织培育人才和人选走出一条新路。应该说，"社区专员"机制让群众基础更扎实，接触群众更深入，了解群众需求更快速，解决群众诉求更直接，更具有可复制推广性。对于基层政府来说，这就是常态化的群众路线。

【思考题】

1. 请结合治理理论，分析南山街道"社区专员"机制的实践意义和理论价值。

2. 群众工作是中国共产党的优良历史传统，"社区专员"机制在党的群众工作实践中，具有什么样的历史承继和机制创新意义？

3. "社区专员"机制是否具有可复制性和可推广性？为什么？

4. 如何看待当前城市社区治理中"全员参与"的绩效评价模式？"社区专员"机制与"全员参与"模式的核心区别在哪里？如何建构符合常识的社区参与评价体系？

5. 当前基层治理中的创新往往因领导换届等因素而昙花一现，如何使"社区专员"机制具有可持续性？

居民的需求，社区来办：
文华社区居民议事会的协商民主实践

邹树彬

（管理学院公共管理系）

【摘　要】社区居民议事会是社区居民通过互相沟通、参与讨论、平等对话等方式，自主决策社区公共事务的重要平台。深圳市罗湖区文华社区有浓厚的居民议事氛围，是罗湖区"活化赋权"社区治理体制改革的试点。文华社区居民议事会调动了居民参与社区公共事务的积极性，培养了社区居民协商议事、理性表达的习惯和规则意识，激发了社区自治活力，促进了社区的和谐发展，为基层民主政治建设提供了有益的经验。本案例展示了社区协商民主的生动实践过程。

【关键词】社区居民议事会　民生微实事　协商民主

2015 年 12 月，深圳市民政局印发了《深圳市社区居民议事会工作规程》，指出社区居民议事会是社区的主要议事机构，是拓宽社区居民参与社区自治活动的一种有效载体，是社区重大决策事项的主要讨论平台，对促进社区居务公开，增强社区和谐稳定，促进基层民主政治建设具有重要作用。深圳市社区居民议事会制度起源于文华社区，东益汽车广场污染事件引发的三方对话会是文华社区居民议事会实践的开端。文华社区居民议事会议案类型广泛，议事员在议事会上须遵守"文华十条"议事规则，有理有据地发表自己和片区居民的意见，为社区建设献言献策。社区居民议事会决议事项，分别由职能部门、街道办事处、社区党组织、社区工作站、社区服务中心等跟进落实，按规定时间办结并答复。深圳市通过政府适度让权社区，使各类主体依法归位。在社区党组织领导下，活化社区居委会，以社区居民议事会为决策机制，以"文华十条"为议事规则，引导居民组织化地有序参与社区治理。

毗邻香港的文华社区地处深圳市罗湖区，东至沿河南路、延芳路及深圳河（华侨新村），南至文锦渡口岸，西至文锦南路，北至深南东路，由文华、北斗、锦联三个片区组成，面积约 0.85 平方公里。辖区以住宅居多，最早的住宅区是深圳海关家属区和深圳边检宿舍，辖区内有文锦渡口岸和海关监管区，居民大多为体制内的单位人，人口结构较为单一，是典型的单位型社区。经过多年发展，辖区内酒店、餐饮、娱乐、教育等行业日渐发达，商业氛围浓厚，外来人口逐渐增多，居民构成日益复杂。社区居住人口约 3 万人，生活小区 21 个，中小学校 3 所，企事业单位约 360 家，是一个集文化、教育、医疗、商贸为一体的人居环境良好的社区。

2017 年 1 月 20 日 19：30，在文华社区党群服务中心会议室，一场会议正在有序进行。参会人员身穿天蓝色马甲，表情严肃，围桌而坐。主持人首先清点了参会人员，应出席 39 人，实际出席 23 人，符合会议规则，宣布本次会议有效。经过充分讨论，举手表决，会议就如下事项做出了决定：

（1）文华社区居委会提交的《2017 年文华社区长者生日会服务项目》项目申请审议通过（22 人赞成，0 人反对，1 人弃权）。该提案提出，2017 年开展长者生日会六次，每两个月举办一次；通过开展社区敬老爱老长者生日会服务项目，让社区长者朋友老有所乐，老有所依，老有所为，促进社区长者朋友的相互交流，增强社区归属感，关爱社区长者，营造和谐邻里的氛围。会议议定，同意从社区资金安排 4.8 万元用于资助提案开展。

（2）文华社区居委会提交的《文华社区"校园开放导引队"公益服务项目》项目申请审议通过（23 人赞成）。该提案提出，为辖区低边、低保、困难、特困、参战优抚对象等困难居民解决工作问题，缓解生活困境。每人每月为社区居民提供 96 小时的公益服务，以完善社区服务环境，提高社区公共服务设施、资源共享使用效率，满足社区居民能在业余时间享受方便的公益服务需求。会议议定，同意从办事处拨款安排约 4.5 万元，用于资助提案开展。

（3）《2017 年文华社区长者生日会服务项目》由文华社区居委会携同社区党群服务中心、社区社会组织老来福之家负责执行。《文华社区"校园开放导引队"公益服务项目》和《文华社区"安全环境劝导队"公益服务项目》提案由文华社区居委会负责执行。提案执行时间为 2017 年 1 月 21 日，由文华社区党委书记、工作站站长何文胜负责监督。①

文华社区每月召开一次社区居民议事会例会，参加者是居民议事会的成员，审议的是民生微实事项目。何为居民议事会？何为民生微实事项目？居民议事会会议有何意义？且看下文便知分晓。

一、民生微实事项目与社区居民议事会

2015 年 9 月，深圳市人民政府办公厅印发了《全面推广实施民生微实事指导意见》，提出"以群众'点菜'、政府提供服务的方式开展实施民生微实事项目，快速解决社区居民身边的小事、急事、难事"。所称民生微实事是指社区群众关注度高、受益面广、贴近居民、贴近生活，群众热切希望解决的惠民小项目。主要包括：①完善社区安全防护、

---

① 罗湖社区家园网论坛. http：//bbs1. luoohu. com/thread－3399760－1－1. html.

增强居民安全保障的消除安全隐患项目；②提升社区绿化品质、改善社区居住环境的社区环境整治项目；③健全社区文体设施、丰富居民娱乐生活的文化体育娱乐项目；④增强居民自助互助、提升居民综合素养的居民生活关爱项目。

民生微实事项目原则上不含小区物业管理公司等其他社会主体应承担职责范围内的项目，不与市区政府在建、拟建的政府投资项目重复。其中，服务项目单项资金原则上不超过 20 万元，实物项目单项资金原则上不超过 50 万元，不纳入固定资产投资项目管理，如属政府集中采购目录项目，按政府集中采购相关规定执行。民生微实事工作坚持民主决策、程序公开、共建共享原则，全面激发社区居民参与社区事务管理的热情，充分发挥社区居民自我管理、自我服务的基层群众自治作用，做到民生工作服务民需、尊重民意、体现民愿，不断增强基层公共服务能力，持续提升社区居民生活质量，努力建设更高质量的民生幸福城市。

各街道党工委、办事处为民生微实事项目的实施管理责任主体，负责综合平衡社区提出的项目和资金需求，确定具体项目，依法依规做好具体项目的实施和管理。

各社区组织（党组织、工作站、居委会）为民生微实事项目征集的责任主体，负责广泛征集居民群众意见，组织居民议事会充分讨论并筛选备选项目。项目实施程序包括项目征集、项目确定、项目实施和项目评议等环节。民生微实事项目所需资金由各区政府（新区管委会）在年度预算中专项安排，市财政通过体制结算方式原则上按 1：1 比例给予资金补助，市补助金额按平均每个社区每年不超过 100 万元测算，由各区政府（新区管委会）统筹使用。

2015 年 12 月，深圳市民政局印发了《深圳市社区居民议事会工作规程》。该文件指出，社区居民议事会是社区的主要议事机构，是拓宽社区居民参与社区自治活动的一种有效载体，是社区重大决策事项的主要讨论平台，对促进社区居务公开，增强和谐稳定，促进我市基层民主政治建设具有重要作用。社区居民议事会应当按照"坚持党的领导、公开公平公正、依法依规和民主议事"的原则，在社区党组织领导下，以社区居民委员会为主导，开展以民主提事、议事、协商等为主要内容的社区议事活动。

社区居民议事会议事范围由社区居民（代表）会议确定，具体包括：①对涉及本辖区的社区建设规划提出意见和建议，商议解决居民关于加强社区公共服务事务的意见和建议；②对本社区环境、卫生、文化、体育、治安、安全等社区公共事务工作等方面提出意见和建议，审议民生微实事项目；③对涉及驻社区单位、物业公司、社区社会组织、社区商户等社区各类组织参与社区建设事务进行商议；④对本社区各类组织的管理、服务及作风等方面存在的问题提出意见和建议；⑤收集反映社情民意和居民的需求；⑥经社区居民（代表）会议授权，商议与社区居民利益相关的事务；⑦其他与本辖区社区建设相关的意见和建议。

社区居民议事会成员采取自愿报名的方式，通过居民（代表）会议（或户代表会议）推选产生。在社区党组织、居委会、工作站任职的成员人数相加不得超过社区居民议事会成员总数的二分之一。

《深圳市社区居民议事会工作规程》对社区居民议事会的议事规则做了指引，包括：①尊重原则，参加议事成员之间应相互尊重，应尊重会议主持人；②中立原则，议事过程中，主持人应秉承公平公正原则，保持中立，不就讨论议题发表个人观点；③不超时，应共同约定发言次数和每次发言时间（如每人发言次数控制在 3 次以内，每次发言不超过 3 分钟等）；④不打断，应尊重发言人，不得随意打断符合议事规则发言人的发言；⑤不跑题，发言人发言内容应紧扣正讨论的议题，否则主持人有权纠正发言人；⑥不攻击，讨论问题应就事论事，不能进行人身攻击，使用文明用语，禁止质疑动机，不"扣帽子"，不"贴标签"；⑦服从裁判，主持人应让议事各方充分表达意见，轮流得到发言机会以保持平衡，议事过程中，出现违反议事规则的情况，主持人必须及时制止和纠正，当事人应服从主持人的裁判。

由上可知，社区居民议事会是社区居民通过互相沟通、参与讨论、平等对话等方式，自主决策涉及社区发展的公共事务的重要平台，民生微实事项目是社区居民议事会的审议事项。

二、社区居民议事会的起源和发展

1. 社区居民议事会的起源

文华社区的议事氛围早有铺垫，可以说，深圳市的社区居民议事会制度就起源于文华社区。2012 年 5 月开始，深圳市罗湖区社会工作委员会牵头，以落实人民依法直接行使民主权利为出发点，以扩大有序参与、加强议事协商为重点，由区委书记挂点，在文华社区开启了社区居民自治试点工作。

2012 年 5 月，文华社区各片区进行楼长选举，一人一票，在社区内的 44 栋楼宇中由居民直接选举楼长。在罗湖社工委初拟的框架中，楼长可对小区环境和治安进行监督，同时是本栋楼居民维权的代表，拥有社区道德事件的集体评判权。此外，楼长应掌握本栋楼居民的一些突发情况，如有家庭遭遇重大疾病，陷入困难等变故。罗湖区委书记倪泽望希望通过试行直选楼长制，能够帮助政府"贴地而行"——到社区里去，听取居民对工作的意见，听取居民的诉求，打造服务型政府。①

楼长选举的游戏规则，将完全以民主、自治为前提：票箱封闭，义工派票，网络直播，公开唱票。主办方甚至动员了片区的学生参与其中，担任监选官。30 层以下的楼，每栋选出 1 个楼长；30 层以上的楼，每栋选出 2 个楼长。凡年满 18 周岁的中国公民，无

---

① 付可，李耀海. 深圳罗湖直选楼长试验. 南方都市报，2012 – 06 – 12.

论是业主还是租户，只要在小区内居住满半年，就可报名参加本栋楼的楼长选举。每栋楼下设一个票箱，楼内居民每户一票，选出心目中的人选。作为一份兼职，楼长每年有 1 000 元的通信补贴。

此次楼长直选共选举出 52 位楼长。作为 62 岁的退休干部，文华花园丹枫白露楼长黄学东表示，当楼长主要是想多为居民提供服务，自己有多年的管理经验，这对于履职会有很大帮助，在调解纠纷、组织活动、抚恤孤寡等方面都能起到作用。1994 年出生的最小楼长周树敏认为，成为楼长可以反映本楼居民意见，对于社区建设、小区内卫生、治安情况的监督等问题都能集中反馈，加速处理。2012 年 7 月 1 日，在文华社区居委会牵头下，召开了首次楼长会议。之后，楼长直选工作在文华社区 118 栋楼宇全面推开，经过公开角逐，共产生了 118 名楼长。

2013 年初，在区委书记倪泽望的支持推动下，文华社区正式成为罗湖区居民自治的"试验田"。具体推进者是区社工委。他们先是聘请议事专家袁天鹏成为议事课堂的"教练"；又拨款成立"幸福资金"，交给居民自己管理，首笔资金为 2 万元，次年资金额提高到 20 万元；《文华社区居民自治章程》《文华社区居民自治财务管理制度》也根据居委会组织法而相继拟定。

根据制度设计，居民代表组成"居民代表大会"，选出常设议事机构"决议会"，两个机构做出的决定由居委会来执行。

根据时任罗湖区委书记倪泽望的表述，设立文华社区自治试点的目的在于"培养居民代表的规则意识，引导其依照法律、按照规则、尊重程序、合理合法表达意愿。随后，逐渐将政府掌握的部分社区资源下放给居民代表，让其通过议事规则决定支配情况，逐步提升居民代表的自治能力"。

袁天鹏曾经留学美国，在担任阿拉斯加大学学生议会议员时，他发现国内不少人不会开会，回国后成立公司，专门推广源自英国议会的"罗伯特议事规则"。在安徽阜阳南塘给合作社的农民上课时，他把 600 多页的规则压缩为《南塘十三条》。到了罗湖，他索性将之改成更简短的《文华十条》，内容包括主持中立、起立发言、面向主持、表明立场、不超时、不打断、不跑题、不攻击、机会均等和服从裁判。

罗湖区政府从拨给文华社区的公共服务经费中，拿出 2 万元建立幸福资金，楼长以提案的方式申请项目资金，提案能否通过，支持多少金额，由社区楼长（居民代表）大会表决说了算。2013 年 5 月 12 日下午，当选的文华社区楼长们坐在一起开会，有三个提案参与 2 万元幸福资金的"瓜分"——北斗片区贾宝华的《建立社区舞蹈队》、文华片区罗建强的《文华多层（或文华片区）居民代表多功能议事室》，以及锦联片区陈燕红的《爱心义卖，温暖锦联》。

会议的主持人正是给楼长们作能力培训的议事规则专家袁天鹏。提案评审的流程是：动议—提问—辩论—修正动议（附议）—表决—宣布结果。虽说爱心义卖开支预算共

1 336 元，而预计募集善款仅 500 元，但最终表决仅有一票反对，按照少数服从多数的原则，此提案获得通过。而社区舞蹈队的 11 300 元预算则在讨论过程中被多轮削减，但最终也获得通过，得到 2 600 元的活动基金，而多功能议事室提案因地址未能确定，被动议延后表决。

北斗片区贾宝华发起《建立社区舞蹈队》的提案第二个接受评审，预算中音响、光盘、服装等加起来要 11 300 元。"舞蹈队本来就是兴趣爱好，没必要动用基金。"程序一开始就陷入混乱，喜欢舞蹈的与觉得在广场跳舞很吵的，分成两派开始争论起来。主持人数次打断提醒："先对提案进行提问，后面有专门的环节发表意见。"

"经费要得太贵了。"这一句话像水滴进了热油里，激起一片沸腾。有楼长建议修改申请金额："每人一套鞋子衣服，到时候不跳了怎么算？""不是说都跳了两年舞了吗，现在才来买音箱？"……其中，连续站起来发言的楼长唐楠竹显得颇为不满，她认为提案的预算中，光盘和 U 盘是重复申请，"1 000 张光盘究竟要装什么？"问题一个个抛向贾宝华，这是她没有想到的。其实，她最初的预算是 2.5 万至 3 万元，在片区楼长会议讨论时，已经被削减过一轮。

"如果一个提案就申请了那么多钱，后面的提案怎么办？"楼长们揪着预算不放，在强烈的反对声中，突然有一名女楼长冒出一句："应该申请多少，那就让居委会领导定吧。"主持人被呛到了，他敲着法槌提醒："这里没有领导，社区的事情，要你们自己决议，你们才是领导。"一番骚动后，楼长们对预算逐项进行表决，"U 盘每个 40 元，给她每个减少 10 元……"最终，11 300 元预算削减为 2 100 元后，获得了多数人的同意并通过。

三个提案全部评审完后，有动议对《建立社区舞蹈队》的提案适当增加预算，最终经过投票表决，该提案预算增加了 500 元。

罗湖社工委专职副主任吕毅称，引入"罗伯特议事规则"是想让居民和楼长们明白社区事务自己是有表决权的，要习惯没有领导的这种意识，社区里的事不是社区领导来拍板的。楼长履职不能仅靠热情，还要有能力、有渠道。[①]

2013 年 5 月 20 日晚上 7 点半到 10 点，罗湖区行知学校会议厅里，94 位文华社区楼长从 34 位候选人中票选出 28 人，罗湖区第一个社区"决议会"就此诞生，并于 21 日晚 7 点举行了"决议会"第一次会议。

根据罗湖区的楼长章程，社区公共事务的决策权授予"决议会"。"幸福资金"由决议会决定如何使用，由居委会负责具体实施和支付。决议会决定社区"幸福资金"的使用、社区预算、社区公益项目的立项和资金规模，并对居委会使用"幸福资金"的情况进行监督，他们有权终止居委会对"公益资金"的不当使用。

---

① 黄奕. 深圳罗湖楼长 PK 争两万幸福基金. 南方都市报，2013 - 05 - 16.

"简单来说，平常的一些小事情，可以由决议会表决；大的事情，就由全体居民代表（楼长）大会表决。"楼长制度的推动方——罗湖区社工委副主任吕毅介绍，如果社区所有事务都由118名楼长来商讨，超过一半的投票才能决议，将会非常烦琐。"而从居民自治的实践中发现，20多个人，最多不超过35人的常设议事机构最为高效，也更具可操作性。"

按照《文华社区2013年决议会选举规则》，投票者和候选人都必须是登记有效的楼长。选举时，实际到场的竞选者为34位，另有2位竞选者因事未到。而到场的94位投票者中，有83位实际到场，另有11位授权其他楼长，八成楼长参与了决议会选举。袁天鹏主持了这次选举。

不少竞选者主打简短、有力的发言风格，三言两语表达完态度便坐下；也有人走温情路线娓娓道来，例如姚登芳的一句"邻居的鼓励使我信心倍增"就赢得不少掌声。楼长文泽忠则主打务实牌，"我当楼长后，小区参与社区事务的积极性是文华社区最高的，反映的问题最多。"从事法律工作的朱逸聪则语气平缓地说道："决议会管理着社区的一部分财产，我们决定它如何使用，是根据大家的利益做出的判断。但是，说到大家的利益，在现实中，也许没有谁能够永远代表所有人的利益。如果大家认为我暂时能够代表大部分人的利益，就请投我一票。"

没有人看手机，没有人打电话，没有人打瞌睡，没有人早退，长达两个半小时的选举过程中，参会的居民代表们都全神贯注。坐在后排观察的黄贝街道办党工委书记赖炳良感慨地告诉记者，在基层工作几十年，这是他见过的居民开会最认真最投入的一次。[①]

"决议会"的成立为社区居民提供了参与公共事务和发声的平台，使社区居民真正感受到"理性对话"与"平等协商"的力量。人们尝到了管理公共经费的乐趣和甜头。每次会议人们都能提出三五份提案，每份提案都写得很详尽，居民代表们一起讨论"幸福资金"该用在什么地方。每次会议都要开两三个小时，大家把每一笔预算都掰开来研究，给每一笔花销"瘦身"。社区文艺团体成立了，代表们还牵头办起了大型趣味运动会、美食节等活动。

2014年3月9日，64岁的黎国通过公开竞选，成为文华社区新一届居委会负责人。当天有108位居民代表进行投票，他得到了60票，完胜其他3位候选人。在居委会工作过6年的候选人刘强只拿了38票，上一届居委会主任败选。由于2014年广东全省居委会换届目标明确要求，社区党支部书记、居委会主任"一肩挑"的比例要达到80%左右，社区党组织班子成员和居委会班子成员交叉任职比例达到80%左右。文华社区居委会主任也需要由党委书记和社区工作站站长"一肩挑"，由居民选出的居委会主任随即转作为居委会副主任。

---

① 刘昊，吕冰冰. 深圳罗湖区36栋楼长PK竞选社区"话事人". 南方日报，2013–05–22.

2. 社区居民议事会的发展

随着 2015 年 7 月 10 日《深州市罗湖区社区居民议事会规范化建设工作方案》（以下简称《方案》）出台，文华社区的"居民代表决议会"更名为"社区居民议事会"。文华社区作为罗湖区社区自治试点，保持议事员人数不变，原先的 31 位决议会成员直接成为新的社区居民议事会成员，同时再加上社区党代表、人大代表、居委会代表、企业代表等 8 人，组成了 39 人的"社区居民议事会"，逐步完善社区协商平台。社区居民议事会持续发展至今，运作良好。罗湖区以"文华十条"为蓝本，制定了罗湖区"社区议事规则"，并在全区推广。

从 2013 年起，罗湖区以创建"全国社区治理和服务创新实验区"为契机，由区民政局牵头，制定社区工作事项清单，厘清街道及社区综合党组织、居民委员会、社区工作站、社区服务中心、社区社会组织、业主委员会和物业服务机构、驻社区单位七类组织的权责边界。经过改革，为社区工作站"砍"掉了 80 多项工作任务、责任状 11 项、考核评比检查任务 9 项，取消社区临时性组织机构 25 种，取消台账 46 种。不属于社区居委会、社区工作站职责范围内的事项，被归入相关部门管理。

"让行政的归行政，自治的归自治"，当地干部深刻意识到，治理是党委、人大、政府、政协、市场、社会组织等多元主体一起进行社会治理，而不是仅仅依靠某一种力量。

2014 年，罗湖区委区政府报送的"社区多元融合新机制"荣获"2013 年度中国社区治理十大创新成果"的奖项。以"法治"为思路，引导社区居民委员会、社区社会组织、社会工作服务机构依法归位；以"自治"为方向，向社区社会组织、社会工作服务机构实质性赋权，罗湖区形成了以"活化赋权"为核心的社区治理法治化建设思路。"活化"，就是"壮大"激活居委会；"赋权"，就是把法律赋予居民、社区社会组织的权利和资源落到实处，通过可操作的程序设计，使居委会成为推动"三社"联动的枢纽，实现社区治理和基层民主的有序发展。

2015 年 5 月，罗湖区委、区政府选送的《"活化赋权"社区治理法制化建设》项目获评"2014 年度中国社区治理十大创新成果"。罗湖区区长贺海涛在介绍罗湖经验时说，罗湖区通过政府适度让权社区，使各类主体依法归位。在社区党组织领导下，活化社区居委会，以社区居民议事会为决策机制，以"文华十条"为议事规则，引导居民组织化地有序参与社区治理。

从 2015 年开始，罗湖区在全区 10 个街道全面推广开展党政社群社区共治，每个街道投放一笔资金用于解决社区居民最关注、最急切的硬件设施改善问题。而这笔资金用在哪里、如何使用，还是完全由社区居民说了算。

2015 年 7 月，罗湖区社会工作委员会和罗湖区民政局印发了《方案》和《深圳市罗湖区社区居民议事会工作指引》。文件指出，社区居民议事会是社区的重要议事机构，是贯彻党的十八大及十八届三中全会和四中全会关于坚持和完善基层群众自治制度、推进协商民主发展的一种有效载体，其主要目标是搭建社区居民、社区社会组织参与社区建设的平台，提升社区居民自治能力，建立有效的社区事务民主协商机制，促进社区和谐稳定，促进基层民主政治建设。

社区居民议事会应按照"公开、公平、公正、依法依规、民主议事"的原则，在社区党组织领导下，以社区居民委员会（以下简称"社区居委会"）为主导，开展以民主提事、议事、协商等为主要内容的社区议事活动。社区居民议事会对选出他们的代表负责，并兼顾其他社区居民和利益相关方的权益。

经社区居民（代表）会议表决通过，将社区公共事务决策权授予社区居民议事会，其权利为：①决策社区基金的分配，监督其使用情况。②决策、监督社区公益服务项目的设置，公共服务场所的选址。③评议区职能部门、街道办事处、社区工作站、社区服务中心等在社区开展工作的情况。④决策本社区开展的党政社群社区共治，实施民生微实事项目。推选居民议事员代表与其他共治代表共同参与街道层面党政社群社区共治，对民生微实事项目进行决议。⑤选定文化部门在社区开展的文化节目。⑥议事员参加议事会可享受会议补助。⑦依据法律法规，应由社区居委会、社区居民议事会议决的其他有关公共服务事项。

社区居民议事会决议的事项，分别由职能部门、街道办事处、社区党组织、社区工作站、社区服务中心等跟进落实，各部门应积极推进，在计划时间内办结并答复。社区居民议事会应成立若干议案监督小组，负责监督审议通过的议案，及时收集居民对议案实施的意见和建议并向议案实施主体反映，对日常监督情况形成电子和书面材料，通过罗湖社区家园网、社区党务居务公开栏、社区宣传栏等方式向议事会成员及全社区居民公布。

2016年罗湖区第一批民生微实事项目，包括工程类项目与服务类项目，合计为社区提供最高200万元的项目申请资金。民生微实事项目，下放协商资源，为社区居民对公共事务的处理和协商解决提供了资金支持，划定社区协商范围，丰富了社区协商内容。

"在政府简政放权、'小政府大社会'的背景下，必须真正给民众选票，选出他们认可的人来决策政府投放在社区的公共资源。"在罗湖区民政局局长吕毅看来，目前的基层民主"形同虚设的多"——名单躺在花名册上，规则贴在墙上。为了改变这样的局面，罗湖希望在社区这个最接地气的地方建立一套具体、可操作、可督查的居民议事会制度。这套制度需要明确回答几个问题——谁来议事？这些人怎么产生？他们按什么规则议事？议的什么事？

罗湖的居民议事会规范化建设分三个步骤。第一个步骤是"赋制"——建立社区居民议事会选举制度。根据《方案》规定，罗湖的社区居民议事会将由社区综合党组织议事员、社区居委会议事员、人大代表议事员、社区企事业单位议事员、社区居民议事员构成。"包含了社区治理中的多元主体，但要保证社区居民议事员占到席位一半以上。"

社区代表"多元化"有利于不同群体的交流和联系，密切党群、干群关系，沟通、协调邻里关系，形成合力。第二个步骤是"赋能"——综合提升议事员议事能力。"民主实际上就是学会妥协。在规则下，大家会慢慢学会理性对话。"吕毅介绍，罗湖下一步将以"罗湖十条议事规则"为核心，提升议事员议事能力，并且开展配套培训，提升议事员的规则设计能力、项目设计能力、活动策划能力等。第三个步骤是"赋权"——明确拥有公共事务决策权，经社区居民（代表）会议表决通过，将社区公共事务决策权授予社区居民议事会。

除了每个居委会的 10 万元"基础蛋糕"——社区基金，2015 年，罗湖区委、区政府设立"党政社群社区共治专项资金"，投放的 1 000 万元"红包"覆盖全区 10 个街道，每个街道 100 万元，专门用于解决居民身边最迫切需要解决的困难和问题。"每个社区凭项目 PK 赢得红包，社区居民议事会将参与决策、决定参与 PK 的项目。"[①] 市政府在调研总结罗湖经验基础上，出台了《全面推广实施民生微实事指导意见》《深圳市社区居民议事会工作规程》等指导性意见，社区居民议事会制度和民生微实事项目在全市铺开。

三、文华社区的协商民主实践

1. 背景介绍

东益汽车广场污染事件引发的三方对话会是文华社区协商民主实践的开端。东益汽车广场与文华社区锦联片区仅一墙之隔，2012 年以前，由于汽车喷漆、保养等工序，该汽车广场产生的有毒气体和噪音令锦联片区居民饱受困扰。"最近的居民楼距修理车间不过五米，修车用的油性漆刺鼻难闻，有些居民甚至因此患病；夜里修车经常修到 11 点，吵得居民睡不着。"锦联片区三叉河华侨新村楼长李建国说，那时候，锦联片区常见的景象是：家家户户关门关窗，居民一出门就要戴口罩。"我们社区旁边有一片青草地，十年前我还经常去散步，"片区老住户陈淑芳感慨良多，汽车广场建成了以后，"出门如果碰上他们喷漆，我们连眼睛都不敢睁开"。

因为汽车广场的环境污染问题，十多年来居民和企业冲突不断。随着居民环保意识的增强，进驻广场的 4S 店的增多，因噪声、废气等污染问题引发的居民与企业间的矛盾愈加激烈。十多年来，相关部门屡屡对东益汽车广场进行检查、提出整改要求。然而，由于广场企业多、广场管理处、4S 店和居民之间的利益难以找到平衡点；加上现有法律法规难以进行有效制裁，东益汽车广场污染问题往往"改了又发、发了再改"，始终没走出环境纠纷的"围城"。在气头上时，邻居们忍不住朝厂区扔垃圾，还有人想用棉被堵住车厂的管道，甚至准备浇汽油示威，"要是再不改善，就跟你们同归于尽"。

---

① 鲁力. 社区居民议事会决策公共事务，罗湖居民自治"有章可循". 南方日报，2015 - 07 - 27.

2. 协商民主的产生

2012 年底，罗湖区委、区政府围绕"以维权促维稳"的思路，创造性地引入"罗伯特议事规则"，针对文华社区锦联片区，居民反映最为强烈的东益汽车广场汽车企业维修、喷漆作业等对周边居住环境的影响问题，罗湖区社工委连同区环保水务局，先后于当年 11 月 10 日和 12 月 15 日组织了两场由居民、企业、政府三方共同参与的"广场对话会"。

通过尊重议事规则的理性对话，三方充分表达和倾听了彼此的意见。东益汽车广场管理处做出承诺，表示将督促入驻企业逐步搬迁、淘汰烤漆工艺。罗湖区环保水务局则向企业传达审批导向要求，提醒企业做好工艺转移的安排。随后，东益汽车广场管理处还做出了 2015 年维修企业合同到期时将不再续签的承诺。同时，参会代表投票选举出 7 人组成监督委员会，由 5 名居民代表、1 名企业代表和 1 名政府代表所组成。三方订立了一套契约：居民代表如发现企业排污不达标或超过规定时间仍在开工，将有权告知管理处对其予以停电处罚；对是否达标有异议时，由监督委员会邀请第三方权威机构进行专业评估；罗湖区环保局针对东益汽车广场内各车商的年审审批指引中，专门增加了"须提交包括监督委员会、居民和居民代表、环保义务监督队在内的公众环评认可"的硬性要求。[1]

"今天的会议其实是一堂实践课，接下来还会有第二堂、第三堂，最后在完全成熟成型的情况下将尝试逐步推广。"罗湖区社工委专职副主任吕毅表示，借鉴"罗伯特议事规则"是本次对话会最大亮点，任何社区问题都可以从理性对话开始，相互理解和信任后再进行谈判，最终形成统一决议。[2]

居民代表陈淑芳回忆，那次会议"确实有点不一样"。尽管会议节奏偶尔被居民代表的大声质问暂时打断，但主持人很快就用规则拉回讨论主题。无论是愤怒的居民，还是试图解释的企业，抑或是希望述职的政府部门，他们的发言时间都是有限的，而且只能针对"如何有效执行对汽车企业的监督"来发言，不能有人身攻击。

通过这次三方对话会，居民们第一次感受到开会真的能解决事情，能"讨论出结果"来。从刚开始有抵触情绪，到主动向监督队反馈整改情况，不到一年时间，东益汽车广场管理处和车商的态度发生很大变化。"按照我们的要求，车商用水性漆代替了此前挥发性强烈的油性漆，晚间作业时间也严格控制在 7 点前。应该说，整体改观还是比较大的。"居民代表陈燕红这样说。2017 年 5 月，在东益环保监督队基础上，一个名为"罗湖区东益环保志愿者协会"的社团在罗湖区民政局正式注册成立，陈燕红成为法人代表。[3]

---

① 符亚威."广场对话会"解决扰民环保难题. 深圳特区报. 2013 - 12 - 12.
② 叶淑萍. 罗湖社区议事引入"罗伯特议事规则". 南方都市报，2012 - 11 - 12.
③ 叶淑萍. 这支环保监督队将走出社区. 南方都市报，2017 - 05 - 19.

根据《深圳市罗湖区第二届社区居民议事会规范化建设工作方案》的规定，经过差额选举，截至 2017 年 7 月，文华社区新一届社区居民议事会成员，包括社区党组织议事员 2 人、人大代表议事员 1 人、社区企事业议事员 2 人、社区居委会议事员 1 人以及社区居民议事员 9 人，共计 15 人。①

3. 协商民主的实践

文华社区居民议事会基本上每月召开一次，召开议事会议三日前，在社区居务公开栏和社区主要出入口张贴告示，告知会议召开的时间、地点和主要内容，以及参加和邀请的人员等。通常，会议参会人数达到应到会人数的三分之二以上即可开会。一般情况下，议事会先审议上次会议未审议的提案，再审议新提案及临时提案。文华社区居民议事会安排一名议事会秘书来记录、整理议事情况，一般由社区党群服务中心的社工来担任。居民议事会对需要讨论和表决的事项进行审议协商，达到半数以上参会的成员同意即通过，之后形成决议或决定。

文华社区居民议事会议案类型广泛，以下是 2014 年 1 月至 2017 年 1 月议事会通过的议案情况，共计 87 项，包括：①社区文体活动及文化建设类，如运动会、书画展、舞蹈比赛、节日晚会等，共 14 项；②关爱长者类，如长者生日会（每季度）、孤寡困难长者关爱活动等，共 12 项；③社区参与激励类，如居民代表交流及团队建设、义工团队建设与管理，共 4 项；④社区环境类，如阳台种菜、施工建设、社区环保，共 3 项；⑤社区组织资助类，即社区各类社会组织资助，共 26 项；⑥管理费用类，包括茶歇、打印资料、办公用品等，共 8 项；⑦社区互助类，如再就业帮扶、义工坊、邻里节等，共 14 项；⑧妇女儿童关爱类，共 2 项；⑨其他项目，共 4 项。其中，"社区组织资助类"议案占比最高，其次为"社区互助类"和"社区文体活动及文化建设类"。

2015 年 12 月，罗湖区全面推广实施民生微实事工作。民生微实事项目专指那些社区群众高度关注，涉及社区居民自身利益，受益面较广，而且贴近民生、贴近生活，社区居民热切希望得到解决的惠民项目。主要包括如下四种：一是完善社区安全防护、增强居民安全保障、消除社区安全隐患的项目；二是社区环境整治项目，包括提升社区绿化品质、改善社区居住环境；三是文体娱乐项目，以健全社区文体设施、丰富居民娱乐生活；四是居民生活关爱项目，以增强社区居民自助互助、提升社区居民的综合素养。结合民生微实事项目，文华社区居民议事会拓宽了协商的内容范围，并通过制度化加以确立，文华社区逐渐形成"平台 + 内容 + 制度"的协商民主模式。

文华社区民生微实事项目审议流程如下：收集通过预审的民生微实事项目资料→提前将资料送达议事会成员→发布召开居民议事会的通告→正式召开居民议事会→议事会成员逐个审议→形成社区议事会会议纪要→发布社区居民议事会评议结果公告。

---

① 罗湖社区家园网论坛. http：// bbs1. luoohu. com/ thread － 3533886 － 1 － 1. html.

2016 年 2 月罗湖区民政局、社工委发布了民生微实事项目库的第一批项目。内容包括工程类必选项目 3 类、工程类自选项目 3 类、服务类必选项目 5 类和服务类自选项目 5 类，共 16 大类民生项目。由各社区根据本社区实际情况，选择评议申请和上报。申报主体包括社区工作站、社区居委会、社区服务中心以及符合条件的社区相关社会组织，其中工程类项目的实施主体为街道办及区级相关部门，服务类项目的实施主体一般为社区居委会、社区服务中心和社会组织。民生微实事项目所需资金由各区政府在年度预算中专项安排，补助金额一般为平均每个社区每年 100 万元，由各区政府来统筹使用。

政府将用于社区的有关服务资源及社区居民服务常规的项目经费以民生微实事项目形式打包给社区，交给社区居民议事会自议自决，自行申请。民生微实事项目由居民来决定办哪些事，怎么办事，这种"放权社区、下放资源"的模式改变了过去"由政府大包大揽、全权安排"的模式，调动了社区参与公共事务的积极性。

一位议事会成员说："我们用这笔罗湖区政府资助的社区资金，加上居民的自愿资助和社区企业资助的部分资金，半年内举办了美食嘉年华、长者生日会和社区运动会等活动。举办这些活动，也得按《文化社区居民自治章程》（简称《章程》）来，首先要提出提案，在议事会辩论表决，才能花钱。《章程》把社区公共服务和公益事业所需的资金定义为'幸福资金'，虽然《章程》中对于'幸福资金'的使用范围有规定，但具体到每一项活动中要花多少，总得细细辩论一番，大家的钱不能乱花，最后要把每一分钱都花在真正有需要的地方。"①

截至 2017 年 10 月，文华社区共成功申请民生微实事项目 29 项，其中包括工程类自选项目 6 项；服务类必选项目 18 项；服务类自选项目 5 项。例如，社区"安全环境卫生劝导队"公益服务项目，服务类必选，申报主体社区居委会，经费约 7.30 万元；"小鬼当家"暑期夏令营，服务类自选，申报主体社区服务中心，经费约 0.21 万元；公益集市暨拓展活动（端午节），服务类必选，申报主体社区小熊公益队，经费 0.93 万元；2016 年文华社区议事规则培训项目，服务类必选，申报主体社区居委会，经费 2 万元；文锦渡边检站生活区垃圾池改造，工程类自选，申报主体社区工作站，经费 3 万元；锦星花园小区路面修缮项目，工程类自选，申报主体社区工作站，经费约 48.72 万元；文华文富楼活动广场改造项目，工程类自选，申报主体社区工作站，经费 44 万元；北斗小学教师宿舍楼排污管网改造项目，工程类自选，申报主体社区工作站，经费 8 万元。

2017 年 6 月 7 日下午，文华社区党群服务中心社工携手社区党委工作人员，在社区海富广场举行了一场"文华社区民生微实事项目问需及遴选活动"，此次活动参与人数超过 500 人。文华社区为了能把民生微实事项目做到实处，落地惠民，广泛征集社区居民的需求及希望解决的问题。征集活动兵分两路：一是"1 名社工 +2 名义工"为一组，

---

① 张玉洁. 社区协商民主实践成效与限度研究——以深圳市文华社区居民议事会为例. 深圳：深圳大学，2017.

共计三组，带上问需表走访社区各个楼栋；二是在社区海富广场上挂横幅、摆桌子现场随机征集居民意见，填写问需表。工作人员征集有效问需表 150 份，为社区惠民服务项目提供了具有方向性及接地气的思路。①

2017 年 6 月 8 日上午，社区党委书记何文胜组织召开社区"两委"联席会议，就今年下半年度征集到的民生微实事项目进行商讨和筛选，共计 23 个，其中工程类 7 个，服务类 16 个。经会议讨论决定，工程类否决掉 5 个不符合申报主体的项目，服务类需进一步有机整合，将同范畴的小项目整合成大项目，最终提交居民议事会的项目仍有待下一次"两委"联席会议审议通过。

2017 年 8 月 1 日上午，文华社区新一届居民议事会成员在社区会议室参加议事规则培训，居委会专职副主任林壮滨主持培训。林壮滨向所有参加培训的议事员详细解读了最新居民议事规则并突出重点，要求各位议事员在议事会上遵守"文华十条"议事规则，在会上有序有理有据地发表自己和片区居民的意见建议，为社区建设建言献策。会上，议事会秘书向议事员明确提出所有议事员要严格遵守参会秩序和参会考勤制度，对考核不合格的议事员将通过全体议事会成员和社区"两委"研究讨论进行罢免。

四、文华社区协商民主的深化

文华社区的协商民主实践调动了居民参与社区公共事务的积极性，培养了社区居民协商议事、理性表达的习惯和规则意识，激发了社区自治活力，促进了社区的和谐发展。一位居民议事会成员说："之前袁天鹏老师在的时候，已经教会我们在议事过程中怎么表达自己的观点，和平对话才有效果，争吵是没有效果的嘛，何况如果你真的是暴脾气，不能平心静气地坐下来谈话的话，那这个议事会开展还有什么意义呢！"一位居民说："通过社区议事会开展了很多活动，一个很大的变化是感觉到更多邻居不那么陌生了，通过接触觉得大家是亲切的，不至于出了自己那个房子，外面的所有人都是陌生的、不安全的，都是要提防警惕的，整个社区的氛围都有了很大的改善。"

但是，文华社区居民议事会的运行也并非十全十美。一位连续担任了两届的议事会成员这样说道："社区公共协商议事看似简单，其实真正操作起来并不简单。单就议事能力来说，社区的议事员水平肯定都有差距，虽然看是组织一次议事会，但是对议事员的主持能力、议事能力、财务核算能力以及处理公共事务的能力都有一定的要求。我们议事会就是这样，有的人水平高，天生就有辩论演讲的能力，说服力很强；有的人就可能能力差些，力量就小一点，肯定会有差距嘛。"

议事会开会的时候，经常发言的总是那么几个人，大多数人只是举手投票表决附和，

---

① 罗湖社区家园网论坛. http：//bbs1. luoohu. com/thread－3499755－1－1. html.

议事过程中的讨论也常常只是发言式的陈述，缺乏深度的交流，协商、辩论并不多。一位议事员说："我们这里有一位就是比较强势的，你以后去采访她的时候肯定就能知道啦，她一向都表现很积极。下次我们开会的时候你可以来听一听，每次最先积极发言的就是她，觉得自己能力比别人强吧，她也是仗着自己有关系、能办事，你要说她不对也不是，反正只能是说她强势。"①

党的十八届三中全会发布《中共中央关于全面深化改革若干重大问题的决定》，指出"协商民主是我国社会主义民主政治的特有形式和独特优势"，提出要开展形式多样的基层民主协商。2015 年 2 月，中共中央印发《关于加强社会主义协商民主建设的意见》，指出社会主义协商民主是党的群众路线在政治领域的重要体现，是深化政治体制改革的重要内容。2015 年 7 月，中共中央、国务院办公厅印发《关于加强城乡社区协商的意见》，指出"城乡社区协商是基层群众自治的生动实践，是社会主义协商民主建设的重要组成部分和有效实现形式"。

社区协商民主可以理解为社区的各利益主体为维护各自权益，针对社区内的重大公共事务，基于理性平等对话的原则，通过讨论、交流及审议等方式，最终消除彼此间的矛盾分歧，达成共识的民主形式。居民议事会是社区协商民主实践的重要平台。

文华社区作为全区首个社会管理创新试点单位，在罗湖区委区政府、街道党工委的领导下，率先组织居民直选楼长，通过楼长广泛征集民意，为社区工作出谋划策；建立了楼长与人大代表的密切联系对接机制，每月定期约访人大代表，商议解决居民问题，并在网上实时公开督办的进展。同时，引入"罗伯特议事规则"，完善了社区居民议事会的议事协商规程，引导居民理性对话、民主协商，有效解决了东益汽车广场污染、文华花园物管费提价、黄贝岭地铁站广场晚间噪音扰民等问题。此外，通过居民议事会决策社区公共事务，建立了常态化的议事工作机制，激发了社区自治活力，充分调动了居民参与社区建设的积极性。文华社区居民议事会的实践为基层社区协商民主提供了有益的经验。

【思考题】

1. 文华社区居民议事会是如何运作的？
2. "罗伯特议事规则"在文华社区协商民主实践中发挥了什么作用？
3. 罗湖区社区治理"活化赋权"改革与文华社区协商民主实践有何关联？
4. 文华社区协商民主实践取得哪些成效？
5. 文华社区协商民主实践如何深化完善？

---

① 张玉洁. 社区协商民主实践成效与限度研究——以深圳市文华社区居民议事会为例. 深圳：深圳大学，2017.

台湾喜憨儿如何打造社会企业品牌①②③

罗文恩¹　杨心仪²

（1. 管理学院公共管理系　2. 法学院）

【摘　要】 本案例描述了台湾地区的喜憨儿社会福利基金会（简称"喜憨儿基金会"）的品牌塑造之路。喜憨儿基金会是台湾地区家喻户晓的社会企业，以商业经营方式获得可持续发展资源，实现其对憨儿"终生教育、终生照顾"的愿景。笔者通过梳理实地调研和深度访谈获取的一手资料，对喜憨儿基金会的发展历程进行介绍，并对其打造社会企业知名品牌的策略进行探索分析。本案例可以为非营利组织品牌塑造的实践提供参考，同时为中国新成立的社会企业如何将公益使命与商业模式进行有机整合提供借鉴。

【关键词】 社会企业　品牌建设　体验行销　喜憨儿基金会

1991 年，苏国祯先生因为风湿性心脏病刚开完刀，虚弱地躺在床上，他的家人来到病房看望他。他那患有重度脑性麻痹的女儿，平时看起来总是憨憨的，却出乎所有家人的意料，步履蹒跚地走上前，开口唱起："世上只有爸爸好，有爸的孩子像块宝……"虽然她口齿不清，却懂得适当地把歌词中的"妈妈"换成"爸爸"，让苏先生和他的家人感动不已的同时，看到了憨儿（指患有脑性麻痹、唐氏症、自闭症等身心障碍者）身上的希望和能力，从此下决心积极且全心全意地服务憨儿和他们的家长，并于 1995 年联合其他憨儿家长成立了喜憨儿基金会，以求让憨儿获得终生教育、终生照顾的权利，让憨儿们获得生命的尊严和喜悦，让憨儿父母们安心、放心。该基金会是如何让人们接受并了解憨儿们和他们家长的存在，让人们对于心智障碍者的印象从黑白的、痛苦悲伤的，变成了憨儿们一张张纯真、开心的笑脸？本案例将通过介绍喜憨儿基金会的发展历程，看它如何在发展壮大自身的同时向公众传播其使命愿景，加深人们对憨儿的认识了解，打造其独一无二的公益品牌。

一、背景

（一）台湾社会企业的发展历程

2006 年，经济学家尤努斯因创办穷人银行，提供小额贷款助穷人自立，荣获诺贝尔和平奖，被称为"社会企业家"而为世人所熟知；2007 年趋势科技董事长张明正、作家王文华在台湾创立若水国际期货投资培育社会企业，被公认为是台湾普遍开始认识社会企业的播种期。[①] 但其实早在 1990 年初期，台湾已经开始有一些采用商业手段或创投事业单位经营的 NPO，运用前瞻性、创新性思维，利用商业模式创造公益价值，成为具有社会企业精神的组织。

由于台湾社会发展的特殊历史背景，1987 年台湾地方当局宣布解除戒严令，成为台湾非营利性组织发展的重大转折点。在台湾社会里，非营利性组织可分为两大类，一是以会员为基础的社团法人；另一则是以基金为基础，以此基金财富运用于公益慈善事业的财团法人。近 20 年来，为了适应社会的需求、政府政策扶持与经济补助、企业实践社会责任等因素的影响下，台湾 NPO 的数量成长迅速且服务日趋多样化，由慈善、奖助学金的颁发，扩展到专业的社会服务、消费者保护、生态文化保护以及社会运动及政策倡导等。虽然 NPO 数量快速增长，但普遍规模小，且不论社会团体或基金会，其经费来源均普遍来自捐款、会费与政府补助，在资源的获取上，NPO 彼此的竞争态势十分明显。也正是受到资金来之不易的因素影响，促成 NPO 为了寻求财务的稳定与自主性而积极思考如何自创收入，开始利用商业模式以求永续经营，解决公益问题。

而如何从众多的 NPO 中脱颖而出，从依赖捐助与政府补助的传统 NPO 转型为能自创收入的社会企业，并打造出属于自己的品牌，也正是本案例将介绍的喜憨儿基金会与其他社会企业面临的巨大挑战。

（二）喜憨儿社会福利基金会的基本情况

"1991 年刚好我心脏开刀，我女儿大概 14 岁，开完刀有一天我的家人带她来看我，她走路不是很好，一跛一跛地走到我床前唱起了歌：世上只有爸爸好……当时我们都吓了一跳，为什么她能唱出这首歌，还把妈妈改成了爸爸？所以我们看到了希望，不能放弃，还是要尽量把她拉出来。面对一个这样的孩子的时候，是一场梦魇，但当你面对一群这样的孩子时，就变成了一项使命。"喜憨儿基金会创办人及执行董事苏国祯先生，同时也是一名憨儿的父亲，在回忆喜憨儿的创建时说道。[②] 喜憨儿基金会是由一群心智障碍者的家长为了长期照顾憨儿，让憨儿得到生命的尊严，得到生活的喜悦以及提升憨儿的

---

① 社企流. 社企力. 北京：九州出版社，2015.
② 喜憨儿基金会执行董事苏国祯先生访谈整理，2015 - 01 - 09.

生活品质，在 1995 年创办的一个公益团体，并于同年完成法人登记成为财团法人喜憨儿社会福利基金会。

　　喜憨儿基金会以心智障碍者的终生教育、终生照顾为核心，为了完成使命，创立时设计了自力更生的项目，使其在策略上实现以实际生产销售为憨儿提供工作机会，并通过经营盈余替代部分需要依靠捐助及政府补助的收入，自己创造价值。真正实现让憨儿与机构从被服务者转化为服务者，从资源消耗者转变为资源创造者，从而实现改变心智障碍者的价值，让憨儿的生活得到喜悦与尊严。

　　1997 年 3 月喜憨儿基金会设立的第一家烘焙屋在台湾高雄开幕，于同年得到花旗银行的支持，并获得其 10 万美金捐款及 500 万元台币的无息贷款，进而发行"花旗喜憨儿认同卡"，提取每笔刷卡金的 0.35% 捐助给喜憨儿基金会，并帮助喜憨儿基金会开始往台北发展。2001 年喜憨儿基金会为扩大服务，照顾更多憨儿，由地方性服务转变成全台湾照顾体系，在台湾新竹地区成立照顾中心及烘焙屋、餐厅及烘焙工场。2013 年"中华电信"赞助喜憨儿基金会设立喜憨儿农场与天鹅堡。喜憨儿烘焙屋稳定营运后，喜憨儿基金会陆续开设餐厅、便当店、火锅店、咖啡厅等工作站，除了提供憨儿们庇护性就业外，还设有日、夜间照顾机构，帮助憨儿父母照看憨儿。另外，喜憨儿基金会创办了喜憨儿乐团、喜憨儿剧团、喜憨儿学院、喜憨儿军团等团体项目，让憨儿在工作之余享受正当的休闲社交活动。为了照顾老憨儿，2013 年天鹅堡落成，下一步，喜憨儿基金会将着手打造针对憨儿们的医疗体系，对憨儿们生老病苦进行全方位的照顾，真正实现"终生教育、终生照顾"。

图 1　喜憨儿基金会品牌树状图①

---

　　①　喜憨儿基金会访谈提供，2015 - 01 - 09.

截至 2015 年 1 月，喜憨儿基金会在台湾台北、新北、新竹及高雄均设有服务机构，共有 55 个服务据点（含 31 个烘焙屋、餐厅、工场），照顾 699 位憨儿，共有 323 位员工以及 189 位憨儿员工，成为一家全台湾连锁的、自力更生的福利产业机构。喜憨儿基金会在收入来源上依赖捐助和政府补助的比例皆不高，而是以事业收入为主。根据喜憨儿基金会提供的财务资料显示，在 2004—2013 年年平均收入中，事业收入占 57%，捐款收入占 26%，政府补助收入占 17%；而在 2013 年收入分析中，事业收入更是占了 61%。由此可见，喜憨儿基金会虽仍接受政府补助，但从其收入结构看，其主要收入是以自身经营性收入为主，政府补助所占比重少，对政府的依赖性低，财务相当自主。

平均收入分析图（2004—2013年）

捐款收入：82 692 841
26%

补助收入：56 689 707
17%

事业收入：185 544 695
57%

2013年收入分析图

捐款收入：117 050 057
25%

补助收入：64 695 764
14%

事业收入：285 337 670
61%

图 2　喜憨儿基金会收入分析图①

此外，政府对喜憨儿基金会的辅助除了经济补助外，在其他方面也提供了便利和帮助。在法规层面，台湾《身心障碍者权益保障法》（2007 年）第 69 条规定：身心障碍福利机构或团体、庇护工场，所生产之物品及其可提供之服务，于合理价格及一定金额以下者，各级政府机关、公私立学校、公营事业机构及接受政府辅助之机构、团体、私立学校应优先采购。这一规定必然为社会企业的 NPO 带来经营上的助力。政策层面上，台湾地方当局在 1980 年初期就开始推动社会福利民营化政策，向民间福利机构签约购买服务与兴建硬体房舍由民间得标经营各项福利服务，服务委托单位指定的案主群外，也顺便开拓福利使用者付费的服务方案。喜憨儿基金会得以持续发展也离不开台湾地方当局的这些政策福利，地方政府提供场地让喜憨儿基金会以"公社民营"的方式成立烘焙屋或餐厅，如台北市、高雄市曾免费租借场地给喜憨儿基金会成立咖啡厅外，也提供资金辅助喜憨儿基金会举办各项活动和业务，促进喜憨儿基金会对心智障碍者提供更多元化的服务，比如除了在烘焙屋、工场、餐厅等地进行工作训练和就业服务，也提供心智障碍者在社区家庭里的生活训练、临时短期抚育以及休闲生活等，因此喜憨儿基金会亦承接地方政府委托的有关身心障碍者的社区家庭与临时及短期抚育等方案。②

喜憨儿社会福利基金会已成为台湾具有代表性的社会企业，本案例将其作为研究对

---

① 喜憨儿基金会访谈提供，2015 - 01 - 09.
② 官有垣，陈锦棠，陆苑苹，等. 社会企业：台湾与香港的比较. 台北：巨流图书股份有限公司，2012.

象，研究其如何将企业使命、愿景融入品牌行销，使人们接受并赞同其理念，塑造出温馨纯真的独特公益品牌，从而为今后大陆新兴社会企业的品牌打造提供参照和建议。

二、喜憨儿社会福利基金会的品牌建设之路

（一）喜憨儿基金会的核心价值

喜憨儿基金会自 1995 年成立以来，即以追求憨儿生命的尊严与喜悦为使命，以憨儿的终生教育与终生照顾为愿景。喜憨儿基金会发起人意识到，在这个物竞天择的世界，要想让憨儿们真正获得世人的尊重和生活的喜悦，不能仅仅是依赖他人的同情，占用和消耗社会资源，要努力做到角色上的转变，让憨儿们由过去的资源消耗者变为资源的创造者，从被服务者变成服务者。

"最初我们的想法很简单，想让他们穿得整整齐齐的，看起来就很健康很正面，就想到师傅那种白色的袍子，所以我们就想到做面包，面包不是很高价的东西，每个人都要吃到的，除非品质没有做好不然不担心销售不出去，所以我们开始设立烘焙屋。"创始人苏国祯先生再说起烘焙屋设立灵感时说道。憨儿们在烘焙屋，以及以后成立的餐厅、咖啡厅中学做面包、美食，为客人提供服务，通过这种方式将无形的"爱心"融入各式各样的产品中，并将其与一般的商品差异化，给了顾客一种纯真的体验式行销，潜移默化地改变着人们对心智障碍者固有的印象，而憨儿们的生活也从过去社会阴暗角落中走出来，开始以温馨、自立、开心的笑脸形象出现在世人眼前，正如喜憨儿基金会的品牌识别标志，均传达出基金会的使命和愿景。

图 3　喜憨儿的品牌标识①

喜憨儿基金会的"喜"字取代"惜"字，代表带领憨儿们走出疼惜阴影，为孩子们规划喜悦与尊严；"憨"字取代"笨"字，用亲昵的称呼取代责备的语气；"儿"字表示永远的孩子，因为憨儿们就像一群永远长不大的孩子，总是那么纯真。喜憨儿基金会的

---

① 喜憨儿官方网站. http：//www. c－are－us. org. tw.

英文名称为 Children Are Us Foundation，Are 是对等语气，表示两边平等，简称 Care Us，有关怀的意思。喜憨儿基金会的识别标志，娃娃脸轮廓为 C 的引申，两眼距离较宽，大大扁平的鼻子，是憨宝宝的特征，微笑的嘴型是憨儿家长们的希望；而烘焙屋的标志是在基金会标志之下采用明亮的黄色憨儿脸，让人联想到刚出炉的金黄金黄的面包，代表着收获，还营造出明亮、亲切、温馨的气氛（如图 3 所示）。

1995 年喜憨儿初成立时，二十几岁的小憨儿如今已迈入老化阶段，根据研究显示，憨儿在四十多岁显露老态，憨儿的生命周期约为 55 岁。时间让小憨儿步入老憨儿，也让憨儿的父母从壮年步入老年，双重老化让喜憨儿意识到照顾老憨儿的任务刻不容缓。因此，2013 年新落成的天鹅堡便是为了完成这个任务诞生的，它作为一座老憨儿的照顾机构，其标志为一大一小两只白天鹅顶着额头默默凝视，十分温馨（如图 3 所示）。"在 2012 年有一回我生病的时候，我女儿——怡佳，用她的额头顶着我的额头，来表达她的关心。静静地看着我的女儿，正想着未来谁可以照顾她，天鹅堡的 LOGO 就这样蹦出来了。"喜憨儿基金会执行董事苏国祯先生笑着回忆说。天鹅就像上天赐给我们一个独一无二的天使，一个用尽一生来启发、教育我们这些家长的天使，让这个社会可以一直保有一颗良善与纯洁的真心，而天鹅堡是憨儿们完成梦想的地方，孩子们都想在城堡里完成王子与公主的梦想，因此天鹅堡就这样孕育而生了。

喜憨儿基金会的品牌标识传递的品牌核心价值及相关联想物，不仅说服憨儿家庭让憨儿外出工作，也让社会大众逐渐接受憨儿的服务，使憨儿融入社会、受到社会的肯定。

（二）纯真的体验行销

策略大师迈克·波特指出，创造策略优势有两大要素：一是产品差异化，二是降低成本。看似弱势的憨儿，却有其特有的竞争优势。苏国祯将憨儿的"纯真"视为上天永远留存在他们脸上的礼物，并将这样的理念通过喜憨儿的各项产品服务，转化为无形的价值，"约占台湾 2% 的人口比例是稀有资产"。[①] 跟一般人比起来，憨儿在生理上是不完美的，他们的动作迟缓，学习能力较弱，比较不会变通，总是憨憨的，学习、工作起来需要比一般人付出更多的努力，但也正是因为这些与众不同，反而成了服务差别化的优势，使其所工作的烘焙屋、餐厅等区别于其他一般的烘焙屋、餐厅等。

1997 年纽约花旗银行有一笔基金要赞助台湾的公益团体，来到喜憨儿烘焙屋进行参观并评估赞助的可能性。一行人去参观烘焙工场时，花旗基金会总裁 Ostergard 看见一位脑性麻痹的憨儿，在师傅的指导下，虽颤抖但专注地制造西点，了解到方才听简报时吃的好吃的点心，竟是出自这双手！憨儿认真的神情感动了总裁，并让喜憨儿在当年获得了十万美金的公益捐款，隔年获得新台币 500 万元的无息贷款，更在同年 8 月发行花旗喜憨儿认同卡，并在各大电视媒体密集播出喜憨儿认同卡的宣传片，憨儿的积极形象开

---

① 苏国祯. 喜憨儿 NPO 核心能力. 高雄：喜憨儿社会福利基金会，2008.

始给大众留下印象。

不仅是那位花旗银行的总裁，每个去过喜憨儿门市进行消费的一般消费者，都能从产品的品质、设计，餐厅、烘焙屋的装饰布置上，感受到憨儿基金会传递出的纯真、温馨与努力。喜憨儿烘焙屋、餐厅，在装修上与我们一般常见的餐厅并无太大差异，都采用明亮高雅的现代化装饰，可是处处细节又凸显出它的不同。门店里的墙、餐桌布，甚至洗手间的装饰上，都有憨儿们的一些作品，像是他们的自画像、美术作品。喜憨儿基金会记载的憨儿们逗趣纯真的憨言憨语，还有他们生活中一张张洋溢着笑脸的照片，都让人们更贴近憨儿们的生活，感受到他们在喜憨儿基金会学习工作获得的喜悦。柜台或是餐厅的一角，总是摆放着喜憨儿基金会出版的图书、年刊、会刊以及宣传册，可供感兴趣的顾客随意翻阅，并设有发票的募集箱可供顾客进行捐赠。

而门店里的憨儿员工更是一道亮丽的风景线。每家营业点里都有健全的工作人员和憨儿员工，憨儿们根据自身能力不同被分配到不同的工作岗位，有餐厅的小厨师，有递茶水的招待人员，也有拿着扫把抹布的清洁人员，但无一不认真专注于工作，有些性格开朗的还会带着元气满满的笑脸，对你说"欢迎光临"！

吃着憨儿们做出的精美食品，处在温馨的装潢布置中感受憨儿们的纯真与认真，正是这些最纯粹的真诚，还有那份热情感染感动了顾客，让他们体验到，自己除了在品尝美味的食物外，还是在做善事，在帮助弱势群体，让顾客得到不一般的满足感，也最大限度地体现出喜憨儿基金会品牌的魅力。

（三）善用名人效应

善用名人的知名度与关注度来帮助行销活动，是喜憨儿基金会能在短短几年内，迅速为人所知，建立起自有品牌，是让喜憨儿基金会标志深植人心的关键。

像是1998年，在迪斯尼电影花木兰首映时，影星成龙为喜憨儿基金会高歌募款；同年，台北喜憨儿烘焙屋设立时，台湾国民党主席连战夫人连方瑀为烘焙屋揭幕，还在隔年首家喜憨儿复合式餐厅开幕时亲自下厨煮面；1999年，歌手周华健为喜憨儿基金会拍摄公益广告；2002年，吴淑珍女士为《喜憨儿——NPO台湾经验》写序；同年，著名插画家几米将《月亮忘记了》一书的画作，提供给喜憨儿用于月饼包装，形成抢购热潮；2014年底，台湾明星林依晨结婚时用喜憨儿烘焙屋的喜饼，引起民众的极大讨论关注；还有喜憨儿基金会的创始人积极在媒体、图书、期刊发表文章，举办学术团体演讲，参加活动等方式，这些都是透过名人的参与，增加喜憨儿基金会在传播媒体上的曝光率，达到推广行销的目的，进一步提高了喜憨儿基金会的社会认同度。①

（四）品牌维护

品质是一切尊严与价值的起点。喜憨儿基金会自成立之初就选择了走产业化自给自

---

① 苏国祯. 很会做面包的天使. 台北：新自然主义股份有限公司，2007.

足的路线，作为一个公益团体，融入了企业经营的概念，就同时也是一个营业单位、产销单位，不能只靠"同情"冲业绩，要具备行业的竞争力，就必须保持产品的品质，努力做出最好的、最精致的糕点，来获得顾客肯定。

因此，喜憨儿基金会严格把关食材的安全与品质，喜憨儿基金会的庇护工场是取得ISO-22000及HACCP认证的，比一般餐饮业有更高水准的食品安全管理体系认证，同时也尽量请最好的师傅教导憨儿们，在师傅们的培育和憨儿们不懈的努力下，喜憨儿基金会取得了48张国家证照，使憨儿们成为独当一面的小师傅。正是这些对产品品质的坚持，在台湾2014年爆发地沟油等食品安全危机时，许多餐饮企业都被查出食品质量问题，而喜憨儿基金会由于品质优良没有受到负面影响。

喜憨儿基金会成立至今已20多年，得到社会大众的广泛支持并不断成长，在深入人心的同时，为了消除消费者对品牌的习惯厌倦并保持品牌的形象与新鲜度，喜憨儿基金会也注重反馈社会，结合自己和社会各界的力量帮助他人。例如台湾2009年时发生的八八洪灾，山上的居民房子都被冲下来了，没有食物，喜憨儿基金会第一时间带了一部分干粮过去接济；在得知山区部落的孩子平时根本没办法买到面包，最近的面包店在15公里外，来回要6小时，所以很多孩子常常挨饿，晚上在路边闲晃，于是喜憨儿基金会发起"送爱到部落"活动，民众、企业捐款购买面包点心，由烘焙屋制造，憨儿童子军们定期把面包点心送到山区偏远的学校，实现一份爱心、两份关怀。

同时，喜憨儿基金会也注重知识产权的保护以维护品牌利益。包括"喜憨儿"这个中文词汇、"Children Are Us"这个英文词汇，以及用唐宝宝为蓝本的识别标志，都完成了专利注册，喜憨儿商标也在大陆完成了注册。

（五）品牌危机公关

2005年10月5日，四位台北市议员，以"苦了憨儿，肥了谁?"为标题，向社会大众爆料，指责喜憨儿基金会（以下简称"喜憨儿"）工资时薪为66元新台币偏低，种种质疑指向喜憨儿是有心人的敛财工具，引起轩然大波，之后经过媒体排山倒海的大幅报道，整个社会弥漫着质疑喜憨儿的气息，舆论一面倒，喜憨儿办公室有接不完的电话，取消订单、取消捐款，让喜憨儿面临前所未有的冲击与压力，甚至危及喜憨儿信誉与存废的问题。

喜憨儿在毫无预警的情况下，被摊在阳光下接受检查，虽然一时间措手不及，但也以最快的速度澄清，证明自己的清白。事件爆发当时，台北市劳工局立即发出新闻稿，说明喜憨儿66元时薪合法，第二天喜憨儿在高雄市政府中庭举办的smile咖啡厅开幕式中再次公布喜憨儿财报，在喜憨儿网站刊物、记者会、家长会等多处总共6次公布了财报，但比起第一天媒体整个版面的报道来说，没有人关心一个小标题小篇幅的报道，喜憨儿声明的声音，民众根本听不到。

为了迅速处理该危机，第二天晚上喜憨儿即召开紧急董事会，把这次危机定调为最严重关系组织存亡的，因此拟定了四大策略：①虚与委蛇，即表示承认自己是错误的；②按铃申告，把案件送到法院审理；③围圆打点，发动憨儿与家长包围议员办事处；④以退为进。喜憨儿最后选择能迅速处理，且能避免以暴制暴，采取以柔克刚的"以退为进"的策略，关闭了营运较差的竹北工作站，但不减少对憨儿的照顾，将憨儿转移至新竹其他工作站的方式，以表达在议员无的放矢的情况下，喜憨儿的订单、顾客、捐款流失，品牌声誉受损，使学员照顾品质下降。消息在隔天台北召开的家长会上宣布，家长们的情绪气愤难平，担忧憨儿们的未来，抱着憨儿痛哭。有家长说："看到电视上讨论憨儿的薪资问题，我相信那些人家中一定没有憨儿，无法了解当你看见孩子每天高兴地出门工作，自力更生的那种喜悦，岂是用金钱能够衡量的？""我的孩子光是站这件事情，就训练了9年，因为走路造成的脊椎侧弯就进行了3次手术，这样的孩子，只是希望他能有多一点点的社会参与，不会成为边缘人，从来没有想过有任何的工作机会，他去喜憨儿上班之后，每一天都好高兴，对于我们而言真是倍感安慰跟满足！""我们夫妻都老了，小琪要不是有老师每天盯着、照顾着，她一定会退化得更严重！""家里两个心智障碍的小孩，开销很大，根本不可能不工作在家看着他们，我和爸爸实在必须都要工作才能维持家计，我的小孩在喜憨儿烘焙坊我绝对安心。议员们实在不能体会我们家长的心情，生了两个这样的孩子，已经够辛苦了，现在店关了，我们要怎么办？"这样感性的诉求，深深打动了采访媒体的心，于是当天电视媒体高密度地播放家长与憨儿失落地相拥而泣的画面，隔天平面媒体也大幅报道此事件。因受不实报道引导引起无妄之灾，社会舆论再次把矛头转向爆料的议员，直到10月12日，危机大致底定。

这次的事件还得到了广大民众、政府机构、专家学者等的广泛讨论，并为喜憨儿平息这一危机提供了帮助。事件爆发后半个月内，喜憨儿网站上留言共计160篇，其中正面鼓励有131篇，占81%，大部分民众都以同情的眼光看待憨儿，认为憨儿是无辜的。专家学者们全力支持喜憨儿，在报章媒体和自己的部落格中撰文急呼政府正视喜憨儿的言论。喜憨儿指出：这次市议员以"劳基法"的最低工资来判定喜憨儿剥削憨儿并不恰当，大众常常误解憨儿是来到烘焙屋"就业"的，但事实上，只要憨儿成为喜憨儿聘用的正职伙伴或者兼职伙伴，喜憨儿一定按照法规核发合理薪资，但是大比例的憨儿留在庇护职场的目的在于工作技能的获得与工作习惯的养成，而不是薪资，薪资报酬则视职场的营运获利而定，喜憨儿的目的在于鼓励障碍者而不在于保障障碍者的生活基本所需，因此用最低工资要求庇护职场的报酬并不合理。且憨儿的产能必然低于一般人，硬性规定庇护职场薪资不得低于最低工资，会迫使庇护职场为了追求营业额的成长而减少甚至禁用产能较差的障碍者，这样将剥削功能较差的障碍者的学习机会，使得庇护职场提供障碍者在"受保护"的情境下学习工作技能的原意消耗殆尽。六六事件发生当时，台湾地区行政管理机构负责人谢长廷在"院会"中说明喜憨儿属于照顾性福利机构并不适用最低工资，当时的"劳委会"主委也陪同喜憨儿基金会召开记者会说明财务状况；同时让存在已久的庇护工场定位不清的议题再次引起重视，台湾地区行政管理机构裁示于 11 月 25 日及 12 月 8 日召开会议，针对劳政、社政、卫政体系"灰色地带"做出明确切割。"劳委会"与台湾地区内务管理机构"劳委会"也出面说明福利性机构不适用最低工资，喜憨儿并不适用"劳基法"。

这次六六事件让喜憨儿基金会成为台湾第一个通过全民检验的 NPO，并在喜憨儿遭受重大打击时，得到了台湾王品台塑牛排的帮助，除了经费资助外，还对喜憨儿餐厅的员工提供服务训练，提高了喜憨儿门市服务品质。而受六六事件影响所及，当年的捐款、营运均受到冲击，目标达成率只有 92%，但也再次提高了喜憨儿的知名度，第二年总捐款额提高了 58%，总目标达成率提高 10%，乃达成 98% 的佳绩，这些都是六六事件为喜憨儿浴火重生带来的组织变革。①

三、尾声

从 1995 年成立至 2015 年，喜憨儿社会福利基金会走过两个十年，第一个十年为"生"，从无到有，从小到大，以自立自强为目标，设立烘焙屋、餐厅及烘焙工场，不仅作为憨儿训练的职场，部分还是日间照顾安置憨儿的场所；第二个十年为"老"，设立天鹅堡，解决老憨儿的照顾问题，更是希望分担一群老憨儿父母的忧劳；生、老、病、苦的人生四阶段，喜憨儿基金会一步一脚印地形成了前两个阶段的机构和体系，筹建专业的憨儿健康与医疗系统是喜憨儿基金会的期待。未来喜憨儿医院与健康中心的 LOGO 是一只火凤凰，喜憨儿要以火凤凰之姿，展开犹如父母双臂的羽翼，教育庇护憨儿、疼惜纯真憨儿、照顾老憨家庭、医护病苦憨儿，做喜憨儿基金会的幸福产业！

【思考题】

1. 什么是社会企业？社会企业与企业的区别在哪里？与一般的非营利组织的区别又在哪里？

2. 喜憨儿基金会打造品牌的基本方法有哪些？为什么喜憨儿基金会能够成为台湾知名的社会企业品牌？

3. 面对严重的品牌危机事件，喜憨儿基金会是如何"化危为机"的？危机事件给喜憨儿基金会的品牌建设带来哪些影响？

---

① 苏国祯. 喜憨儿 NPO 危机处理. 高雄：财团法人喜憨儿社会福利基金会，2009.